# 수험생을 위한 100일 기도

"주님, 당신께서 주신
소중한 선물인 아이들에게
저희의 기도가 용기가 되고
힘이 되길 바라며
간절히 두 손을 모읍니다.

시험을 앞둔 _____ 에게

당신의 축복을 내려 주소서!"

# 수험생을 위한 100일 기도

글쓴이 **김종국**

생활성서

## 머리말

"제 자식을 사랑하는 이는 그에게 종종 매를 댄다. 그러면 말년에 기쁨을 얻으리라. 제 자식을 올바로 교육하는 이는 그로 말미암아 덕을 보고 친지들 가운데에서 그를 자랑으로 삼으리라. 제 자식을 잘 가르치는 이는 적대자의 부러움을 사고 친구들 가운데에서 그로 말미암아 기쁨을 누리리라."(집회 30,1-3).

사람이 어릴 적부터 도덕적 가치를 깨닫고 하느님을 공경하며 자유의 선용을 배울 수 있는 곳이 가정입니다. 자녀에 대한 가정 교육은 다른 이에게 양도할 수 없는 부모의 기본 권리이자 의무입니다.

교육의 첫 책임자는 부모입니다. 자녀들은 부모를 통해 신앙을 키워 가고 좋은 표양을 본받게 됩니다. 그러기에 부모들은 자녀들에게 알맞은 교육과 배려가 필요하다는 것을 누구보다 잘 알고 있습니다.

하지만 안타깝게도 자녀를 기르며 교육하는 데에 연습이란 없기에 수많은 시행착오와 잘못을 반복하게 됩니다. 그래서 그때마다 후회와 아픔이 밀려오지만, 부모의 사랑과 격려는 자녀들에게 언제나 제일 큰 힘이요, 희망이 됩니다.

이 책은, 수험생 자녀를 기도로 돕겠다는 간절한 소망을 품은 부모들에게는 작은 길잡이가 되고, 수험생들에게는 부모의 사랑과 하느님의 사랑을 느낄 수 있는 자리가 되기를 바라며 한 자 한 자 써내려 갔습니다.

대학 입시에 합격하는 것이 인생의 목적이 되어서는 안 되지만, 더 나은 삶을 위해 치러야 할 과정이라면 자녀들이 시험을 힘들고 괴로운 것으로 생각하기보다 더 넓은 배움의 길로 나아가는 희망의 여정으로 받아들이기를 바랍니다.

하느님은 기도하고 노력하는 사람의 간절한 바람은 귀여겨들어 주시고 응답하신다고 하셨습니다. 하느님의 사랑이 부모의 사랑 안에서 드러나고, 그 사랑 안에서 수험생들이 평온한 마음으로 최선을 다하며, 가정 안에서 주님의 사랑이 활짝 꽃피기를 기원합니다.

2008년 4월

김종국 토마스 아퀴나스 신부

*contents*

**7** 머리말

**1마당** 1-10일
참지혜와 지식의 근원이신 예수 그리스도는
찬미 받으소서

**13**

**2마당** 11-20일
슬기와 사랑으로 아이들을 성장시켜 주시는
주님은 찬미 받으소서

**55**

**3마당** 21-30일
저희에게 사랑과 기쁨을 허락하시는 주 예수님은
이 세상 모든 부모와 자녀를 통하여 찬미 받으소서

**97**

| 139 | **4 마당** 31-40일

가정에는 평화를, 마음에는 위로를 주시는
주님은 찬미 받으소서

| 181 | **5 마당** 41-50일

부모와 자녀가 함께 드리는 기도 안에서
주님은 찬미 받으소서

| 223 | **6 마당** 51-60일

세상을 지극히 사랑하시어 성자 그리스도를 통해
구원의 신비를 드러내 보여 주신 주님은 찬미 받으소서

| 265 | **7 마당** 61-70일

우리에게 필요한 참지식과 분별의 지혜를 주시는
주 예수님은 찬미 받으소서

**8 마당** 71 – 80일

307

경솔한 속단과 잘못된 편견에서 늘 바른 길로
이끌어 주시는 주 예수님은 찬미 받으소서

**9 마당** 81 – 90일

349

삶의 매 순간마다 사랑으로 함께하시며
용기를 주시는 주 예수님은 찬미 받으소서

**10 마당** 91 – 100일

391

힘겨웠지만 포기하지 않았던 순간들이
진정한 기쁨의 여정이었음을 깨닫게 해 주신
주님은 찬미 받으소서

**부록**

433

묵주기도 · 성인 호칭 기도 · 수험생을 위한 기도

# 1 마당

## 참지혜와 지식의 근원이신
## 예수 그리스도는 찬미 받으소서

# 1일

수험생을 위한 100일 기도 첫 번째 날을 시작하겠습니다.

## 아이들이 자신감을 갖게 해 주소서

**시작 성가**

가톨릭 성가 387번 '주님의 기도'

**시작 기도**

✚ 참지혜와 지식의 근원이신 예수 그리스도는 찬미 받으소서.
◉ 하느님, 영원토록 찬미와 영광 받으소서.

**성경 말씀** 코헬 8,16-9,2

내가 지혜를 알려고 또 땅 위에서 이루어지는 일을 살피려고 낮에도 밤에도 잠 못 이루면서 내 마음을 쏟았을 때 나는 하느님께서 하시는 모든 일과 관련하여 태양 아래에서 이루어지는 일을 인간은 파악할 수 없음을 보았다. 인간은 찾으려 애를 쓰지만 파악하지 못한다. 지혜로운 이가 설사 안다고 주장하더라도 실제로는 파악할 수가 없는 것이다. 그렇다, 나는 이 모든 것을 내 마음에 두어 고찰해 보았는데 의인들도 지혜로운 이들도 그들의 행동도 하느님의 손안에 있었다. 사랑도 미움도 인간은 알지 못한다. 그 앞에 있는 모든 것이 허무일 뿐. 모두 같은 운명이다. 의인도 악인도 착한 이도 깨끗한 이도 더러운 이도 제물을 바치는 이도 제물을 바치지 않는 이도 마찬가지다. 착한 이나 죄인이나 맹세하는 이나 맹세를 꺼려하는 이나 매한가지다.

**묵상 기도**

잠시 말씀을 묵상한 후, 자녀를 위한 간절한 지향을 담아 침묵 중에 기도합니다. (3~5분)

**묵주기도** 환희의 신비
**성인 호칭 기도** (436쪽 참조)
**수험생을 위한 기도** (441쪽 참조)

✚ 기도합시다.
◉ 고통과 어려움 속에서도 늘 행복을 준비하시는 예수님,
지금 저희가 처한 상황과 저희의 심경을 주님께 토로하며 기도하오니
위로와 용기를 주시고 바른 길로 이끌어 주소서.
아이들이 힘겨움과 외로움 속에서도 주님의 소리를 듣고
선한 마음을 따르는 길을 가도록 인도해 주소서.
올곧은 마음으로 이웃의 말을 들을 수 있는 힘을 주시고
자신이 해야 할 일에 대해 자신감을 갖게 해 주소서.
주님, 아이가 고3이 되면서 불안과 초조함으로 힘겨워합니다.

어깨에 지워진 짐의 무게가 너무 버거워선지
스스로도 어찌할 바를 모르고 마음의 문을 닫아 버린 듯합니다.
주님, 저희 아이에게 자신의 힘겨움을 나눌 수 있는 마음의 여유를
갖게 해 주시고 저희에게는 그 힘겨움을 함께 풀어 갈 수 있는 지혜를 주소서.
나눔에서 비롯되는 연민 안에서 평화를 주시는 주 예수님이시오니
시험을 준비하는 모든 수험생을 사랑으로 돌보시고
저희 모두에게 필요한 은총을 베풀어 주소서.
우리 주 예수 그리스도를 통하여 비나이다. 아멘.

### 마침 기도

✚ 지혜의 근원이신 성부께서는 참생명에 이르는 길로 인도하시고,
은총의 샘이신 성자께서는 진리의 말씀을 깨닫게 하시며,
위로의 빛이신 성령께서는 힘과 용기를 북돋아 주시어, 저희로 하여금
언제나 바르고 선한 것만을 배우고 그 배운 바를 실천하게 하소서.
◉ 아멘.

### 마침 성가   가톨릭 성가 116번 '주 예수 바라보라'

# 2일
수험생을 위한 100일 기도 두 번째 날을 시작하겠습니다.

## 결과보다 과정을 중시하는 자녀 되게 하소서

### 시작 성가
가톨릭 성가 152번 '오 지극한 신비여'

### 시작 기도
✚ 참지혜와 지식의 근원이신 예수 그리스도는 찬미 받으소서.
◉ 하느님, 영원토록 찬미와 영광 받으소서.

**성경 말씀** 시편 130

주님, 깊은 곳에서 당신께 부르짖습니다. 주님, 제 소리를 들으소서. 제가 애원하는 소리에 당신의 귀를 기울이소서. 주님, 당신께서 죄악을 살피신다면 주님, 누가 감당할 수 있겠습니까? 그러나 당신께는 용서가 있으니 사람들이 당신을 경외하리이다. 나 주님께 바라네. 내 영혼이 주님께 바라며 그분 말씀에 희망을 두네. 파수꾼들이 아침을 기다리기보다 파수꾼들이 아침을 기다리기보다 내 영혼이 주님을 더 기다리네. 이스라엘아, 주님을 고대하여라. 주님께는 자애가 있고 풍요로운 구원이 있으니. 바로 그분께서 이스라엘을 그 모든 죄악에서 구원하시리라.

**묵상 기도**

잠시 말씀을 묵상한 후, 자녀를 위한 간절한 지향을 담아 침묵 중에 기도합니다. (3~5분)

**묵주기도** 빛의 신비
**성인 호칭 기도**
**수험생을 위한 기도**

✚ 기도합시다.
◉ 언제나 저희의 넘침과 부족함을 살피시고 한없는 용서로
저희를 받아 안으시는 하느님, 오늘은 편견과 독선으로 가득 찬
완고함을 버리고 맑고 밝은 마음으로 당신께 기도하고 싶습니다.
아이들의 잘못을 질책하고 불평하기 전에
저 자신의 못남과 어리석음을 먼저 보게 해 주십시오.
모든 고통과 시련을 몸소 끌어안아 주시고
사랑의 눈을 뜨게 해 주시는 예수님, 저희로 하여금
시험을 준비하는 아이들의 마음을 먼저 헤아리고 신뢰하게 해 주십시오.

그동안 아이 입장에서보다는 제 위주로 생각하고 판단하였기에,
아이의 마음에 크고 작은 생채기를 내곤 했습니다.
어쩌면 다른 수험생 부모와 비교하여 뒤처지기 싫은 잘못된 자존심이
아이들에게 더 아픈 상처를 주지 않았나 헤아려 봅니다.
주님, 당신과 함께하는 이 여정이 나의 행복이나 명예가 아니라
아이가 인격을 완성시켜 나가는 데 도움이 되게 해 주십시오.
그래서 중요한 것은 결과가 아닌 노력해 가는 과정임을 깨닫게 하소서.
우리 주 예수 그리스도를 통하여 비나이다. 아멘.

### 마침 기도

✚ 지혜의 근원이신 성부께서는 참생명에 이르는 길로 인도하시고,
은총의 샘이신 성자께서는 진리의 말씀을 깨닫게 하시며,
위로의 빛이신 성령께서는 힘과 용기를 북돋아 주시어, 저희로 하여금
언제나 바르고 선한 것만을 배우고 그 배운 바를 실천하게 하소서.
◉ 아멘.

### 마침 성가   가톨릭 성가 41번 '형제에게 베푼 것'

# 3일

수험생을 위한 100일 기도 세 번째 날을 시작하겠습니다.

## 지혜로 충만해지게 하소서

### 시작 성가

가톨릭 성가 145번 '임하소서 성령이여'

### 시작 기도

✚ 참지혜와 지식의 근원이신 예수 그리스도는 찬미 받으소서.
◉ 하느님, 영원토록 찬미와 영광 받으소서.

**성경 말씀** 1코린 2,12-16

우리는 세상의 영이 아니라, 하느님에게서 오시는 영을 받았습니다. 그래서 하느님께서 우리에게 주신 선물을 알아보게 되었습니다. 우리는 이 선물에 관하여, 인간의 지혜가 가르쳐 준 것이 아니라 성령께서 가르쳐 주신 말로 이야기합니다. 영적인 것을 영적인 표현으로 설명하는 것입니다. 그러나 현세적 인간은 하느님의 영에게서 오는 것을 받아들이지 않습니다. 그러한 사람에게는 그것이 어리석음이기 때문입니다. 그것은 영적으로만 판단할 수 있기에 그러한 사람은 그것을 깨닫지 못합니다. 영적인 사람은 모든 것을 판단할 수 있지만, 그 자신은 아무에게도 판단받지 않습니다. "누가 주님의 마음을 알아 그분을 가르칠 수 있겠습니까?" 그러나 우리는 그리스도의 마음을 지니고 있습니다.

### 묵상 기도

잠시 말씀을 묵상한 후, 자녀를 위한 간절한 지향을 담아 침묵 중에 기도합니다. (3~5분)

### 묵주기도  고통의 신비
### 성인 호칭 기도
### 수험생을 위한 기도

✚ 기도합시다.
◉ 주님, 다시 시작하는 오늘 이 시간이 더욱 활기차고 새롭습니다.
하느님의 선물인 아이들을 향한 저희의 마음을 날마다 새롭게 해 주시어
아이들을 통해서 주님께 더욱 가까이 갈 수 있도록 이끌어 주십시오.
언제나 성령의 빛으로 함께하시는 주님,
저희가 삶의 모든 순간 안에서 지혜를 발견하게 해 주시니 감사합니다.
저희 아이들은 주님께서 주시는 지혜가 필요합니다.
저희는 모든 일의 주관자이신 하느님을 알면서도
찬미하거나 감사드리기는커녕, 오히려 허망한 생각과 우둔한 마음으로

지혜롭다고 자처하며 정작 바보처럼 살아왔습니다.
하느님께서는 지혜로운 사람들을 부끄럽게 하시려고
어리석은 이들을 선택하셨고,
강한 것을 부끄럽게 하시려고 약한 것을 선택하셨습니다.
하오니 어려운 관문을 통과하기 위해 열심히 공부하는 아이들이
세상의 지혜를 추구하기에 앞서 겸허함을 배우게 하시고,
날마다 지혜로 충만해지게 하소서.
우리 주 예수 그리스도를 통하여 비나이다. 아멘.

### 마침 기도

✚ 지혜의 근원이신 성부께서는 참생명에 이르는 길로 인도하시고,
은총의 샘이신 성자께서는 진리의 말씀을 깨닫게 하시며,
위로의 빛이신 성령께서는 힘과 용기를 북돋아 주시어, 저희로 하여금
언제나 바르고 선한 것만을 배우고 그 배운 바를 실천하게 하소서.
◉ 아멘.

### 마침 성가   가톨릭 성가 25번 '사랑의 하느님'

**4일** 수험생을 위한 100일 기도 네 번째 날을 시작하겠습니다.

# 먼저 하느님 뜻을 찾게 하소서

### 시작 성가

가톨릭 성가 155번 '우리 주 예수'

### 시작 기도

✚ 참지혜와 지식의 근원이신 예수 그리스도는 찬미 받으소서.
◉ 하느님, 영원토록 찬미와 영광 받으소서.

**성경 말씀** 집회 16,24-30

얘야, 내 말을 듣고 지식을 얻어라. 내 말에 너의 마음을 기울여라. 나는 교훈을 정확하게 알리고 지식을 명확하게 전한다. 주님께서는 한처음 당신의 작품들을 창조하실 때부터, 그것들을 지으실 때부터 제자리를 각각 정해 놓으셨다. 그분께서는 당신의 작품들에게 영원한 질서를 주시고 제 영역을 세세 대대로 정해 놓으셨다. 그리하여 그들은 굶주리거나 지치지 않고 제구실을 그만두지도 않는다. 그들은 서로 부딪치는 일도 없고 그분의 말씀을 영원히 거역하지도 않으리라. 이렇게 정하신 후 주님께서는 땅을 굽어보시고 그곳을 당신의 좋은 것들로 채우셨다. 그분께서는 온갖 생물로 땅의 얼굴을 덮으셨으니 그 모든 것은 다시 땅으로 돌아가게 되어 있다.

**묵상 기도**

잠시 말씀을 묵상한 후, 자녀를 위한 간절한 지향을 담아 침묵 중에 기도합니다. (3~5분)

**묵주기도** 영광의 신비
**성인 호칭 기도**
**수험생을 위한 기도**

✚ 기도합시다.
◉ 사랑으로 저희 가정을 환히 밝혀 주시는 주님, 자신의 꿈을 이루기 위해 열심히 노력하는 아이들을 보면서 희망과 평화를 얻습니다.
저희 아이들은 지금 새로운 인생을 향한 도약의 시점에 와 있습니다.
주님, 저희 아이들이 아름다운 매력이 넘치는 젊은이로 성장하게 해 주시어
남을 탓하기보다 자신의 실수를 인정하는 사람,
몸과 마음의 순결을 지키는 사람, 충동적인 감정을 다스릴 줄 알며
목적지를 향한 먼 여정에서 끈기 있게 기다릴 줄 아는
인생의 참승리자가 되게 해 주십시오.

주님께서는 저희가 드리는 소소한 기도마저도 사랑으로 응답해 주십니다.
아이들이 지닌 능력의 한계를 넘어서는 부모의 욕심으로
늘 그 이상의 것을 바라곤 했던 이기적인 자신을 돌아보며 부끄러워집니다.
주님, 혹여 저희가 바치는 기도 안에 아이들을 통해서
성취하고자 하는 무모한 욕심이 숨겨져 있다면
그 마음을 거두어 주시고, 주어진 것에 감사하며
매 순간 하느님의 뜻을 찾고 기도하는 부모가 되게 해 주십시오.
우리 주 예수 그리스도를 통하여 비나이다. 아멘.

### 마침 기도

✚ 지혜의 근원이신 성부께서는 참생명에 이르는 길로 인도하시고,
은총의 샘이신 성자께서는 진리의 말씀을 깨닫게 하시며,
위로의 빛이신 성령께서는 힘과 용기를 북돋아 주시어, 저희로 하여금
언제나 바르고 선한 것만을 배우고 그 배운 바를 실천하게 하소서.
◉ 아멘.

### 마침 성가   가톨릭 성가 58번 '이 몸은 애타게 당신을 찾습니다'

# 5일

수험생을 위한 100일 기도 다섯 번째 날을 시작하겠습니다.

## 지식만큼 믿음이 쌓이게 하소서

### 시작 성가

가톨릭 성가 39번 '하나 되게 하소서'

### 시작 기도

✚ 참지혜와 지식의 근원이신 예수 그리스도는 찬미 받으소서.
◉ 하느님, 영원토록 찬미와 영광 받으소서.

**성경 말씀**  마태 6,5-8

"너희는 기도할 때에 위선자들처럼 해서는 안 된다. 그들은 사람들에게 드러내 보이려고 회당과 한길 모퉁이에 서서 기도하기를 좋아한다. 내가 진실로 너희에게 말한다. 그들은 자기들이 받을 상을 이미 받았다. 너는 기도할 때 골방에 들어가 문을 닫은 다음, 숨어 계신 네 아버지께 기도하여라. 그러면 숨은 일도 보시는 네 아버지께서 너에게 갚아 주실 것이다. 너희는 기도할 때에 다른 민족 사람들처럼 빈말을 되풀이하지 마라. 그들은 말을 많이 해야 들어 주시는 줄로 생각한다. 그러니 그들을 닮지 마라. 너희 아버지께서는 너희가 청하기도 전에 무엇이 필요한지 알고 계신다."

### 묵상 기도

잠시 말씀을 묵상한 후, 자녀를 위한 간절한 지향을 담아 침묵 중에 기도합니다. (3~5분)

### 묵주기도  환희의 신비
### 성인 호칭 기도
### 수험생을 위한 기도

✚ 기도합시다.
◉ 사랑의 주 예수 그리스도님,
당신 앞에 무릎을 꿇고 두 팔을 벌려 십자가를 만들어 봅니다.
깊은 침묵 속에 마음을 비우고 오로지 당신만을 바라봅니다.
모든 것을 비우고 버리려 해도 어쩔 수 없이 남아 있는 근심이 있습니다.
입시를 준비하는 저희 아이에 대한 불안감입니다.
주님, 저희의 기쁨과 슬픔, 행복과 고통 모두를 봉헌하오니
주님 뜻대로 저희 아이와 가정을 이끌어 주소서.
또한 저희 안에 있는 사랑의 샘이 마르지 않게 하시어

아이들이 힘들고 지칠 때 그 샘에서 마른 목을 축이게 하소서.
생명의 근원이시며 사랑의 원천이신 주님,
우리 아이들은 그동안 당신을 향한 믿음보다는
세상이 추구하는 지식을 더 중요하게 여기며 살아왔습니다.
이제 당신의 품안에서 잃어버린 조화를 되찾게 하시어
한쪽으로 기울어지지 않고 균형 잡힌 삶을 살아가게 하소서.
그리하여 당신의 사랑과 은총 안에서 지혜가 날로 자라게 하소서.
우리 주 예수 그리스도를 통하여 비나이다. 아멘.

### 마침 기도

✚ 지혜의 근원이신 성부께서는 참생명에 이르는 길로 인도하시고,
은총의 샘이신 성자께서는 진리의 말씀을 깨닫게 하시며,
위로의 빛이신 성령께서는 힘과 용기를 북돋아 주시어, 저희로 하여금
언제나 바르고 선한 것만을 배우고 그 배운 바를 실천하게 하소서.
◉ 아멘.

### 마침 성가   가톨릭 성가 463번 '순례자의 노래'

# 6일

수험생을 위한 100일 기도 여섯 번째 날을 시작하겠습니다.

## 부모와 자녀가 신뢰 안에서 서로를 이해하게 하소서

**시작 성가**

가톨릭 성가 174번 '사랑의 신비'

**시작 기도**

✚ 참지혜와 지식의 근원이신 예수 그리스도는 찬미 받으소서.
◉ 하느님, 영원토록 찬미와 영광 받으소서.

**성경 말씀** 이사 40,27-31

야곱아, 네가 어찌 이런 말을 하느냐? 이스라엘아, 네가 어찌 이렇게 이야기하느냐? "나의 길은 주님께 숨겨져 있고 나의 권리는 나의 하느님께서 못 보신 채 없어져 버린다." 너는 알지 않느냐? 너는 듣지 않았느냐? 주님은 영원하신 하느님 땅 끝까지 창조하신 분이시다. 그분께서는 피곤한 줄도 지칠 줄도 모르시고 그분의 슬기는 헤아릴 길이 없다. 그분께서는 피곤한 이에게 힘을 주시고 기운이 없는 이에게 기력을 북돋아 주신다. 젊은이들도 피곤하여 지치고 청년들도 비틀거리기 마련이지만 주님께 바라는 이들은 새 힘을 얻고 독수리처럼 날개 치며 올라간다. 그들은 뛰어도 지칠 줄 모르고 걸어도 피곤한 줄 모른다.

### 묵상 기도
잠시 말씀을 묵상한 후, 자녀를 위한 간절한 지향을 담아 침묵 중에 기도합니다. (3~5분)

### 묵주기도 빛의 신비
### 성인 호칭 기도
### 수험생을 위한 기도

✚ 기도합시다.
◉ 모든 이의 피난처이신 주 예수 그리스도님,
어려움 중에도 주님께 의탁할 수 있음이 커다란 위안이자 기쁨입니다.
수험생 자녀와 부모인 저희가 사랑으로 함께 걷게 해 주십시오.
부모와 자녀는 사랑의 동반자임을 알게 하시고
이는 또한 주님 은총의 힘임을 깨닫게 해 주십시오.
예수님, 무엇보다 먼저 아이들이 아버지 하느님께서 주시는
내면의 기쁨을 충만히 누리기를 바랍니다.
더불어 부족한 저희를 통해서도 당신의 사랑을 느끼게 하고 싶습니다.

주님, 아이들을 바라보는 눈길에 격려와 위로를 담아 주시어
온 마음을 기울여 간절히 기도하는 부모의 마음을 알게 해 주소서.
부모와 자녀 간에 이루어지는 깊은 신뢰 안에서
함께하시는 주님을 온 존재로 느끼게 해 주십시오.
저희의 눈과 마음을 열어 주시어, 현실을 정직하게 대면하고
넘어져도 다시 일어날 수 있는 용기를 주시며
믿음 안에서 주님과 하나 되어 걸어가게 하소서.
우리 주 예수 그리스도를 통하여 비나이다. 아멘.

### 마침 기도

✠ 지혜의 근원이신 성부께서는 참생명에 이르는 길로 인도하시고,
은총의 샘이신 성자께서는 진리의 말씀을 깨닫게 하시며,
위로의 빛이신 성령께서는 힘과 용기를 북돋아 주시어, 저희로 하여금
언제나 바르고 선한 것만을 배우고 그 배운 바를 실천하게 하소서.
◉ 아멘.

### 마침 성가  가톨릭 성가 441번 '주의 나라 임하면'

**7일** 수험생을 위한 100일 기도 일곱 번째 날을 시작하겠습니다.

# 자식을 바라보는 부모의 마음을 헤아리소서

### 시작 성가

가톨릭 성가 248번 '한 생을 주님 위해'

### 시작 기도

✚ 참지혜와 지식의 근원이신 예수 그리스도는 찬미 받으소서.
◉ 하느님, 영원토록 찬미와 영광 받으소서.

**성경 말씀** 히브 4,9-13

하느님의 백성에게는 아직도 참안식이 그대로 남아 있습니다. 하느님께서 하시던 일을 마치고 쉬신 것처럼, 그분의 안식처에 들어가는 이도 자기가 하던 일을 마치고 쉬는 것입니다. 그러니 그와 같은 불순종의 본을 따르다가 떨어져 나가는 사람이 없게, 우리 모두 저 안식처에 들어가도록 힘씁시다. 사실 하느님의 말씀은 살아 있고 힘이 있으며 어떤 쌍날칼보다도 날카롭습니다. 그래서 사람 속을 꿰찔러 혼과 영을 가르고 관절과 골수를 갈라, 마음의 생각과 속셈을 가려냅니다. 하느님 앞에서는 어떠한 피조물도 감추어져 있을 수 없습니다. 그분 눈에는 모든 것이 벌거숭이로 드러나 있습니다. 이러한 하느님께 우리는 셈을 해 드려야 하는 것입니다.

**묵상 기도**

잠시 말씀을 묵상한 후, 자녀를 위한 간절한 지향을 담아 침묵 중에 기도합니다. (3~5분)

**묵주기도**  고통의 신비

**성인 호칭 기도**

**수험생을 위한 기도**

✠ 기도합시다.
◉ 좋으신 하느님,
오늘은 일상의 크고 작은 굴레들에서 벗어나
빈 마음으로 온전히 당신 안에 머물기를 원합니다.
단란한 가정을 이루고 평범한 행복을 누리며 살아가고 있지만
부모로서 끌어 안아야 할 짐이 너무 많습니다.
가끔은 그 짐이 버거워 외면하고 싶을 때도 있습니다.
부서지고 깎이고 찢기는 듯한 심정이
바로 어려움 앞에 선 자식을 바라보는 부모의 마음임을

당신께서는 누구보다 잘 아십니다.
주님, 이러한 인간적인 심정마저 모두 당신께 맡기고자 합니다.
저를 가두고 있는 어둠과 불안의 빗장을 풀고
주님께서 주시는 빛과 생명을 향해 달음질치고 싶습니다.
저희 앞에 놓인 모든 것을 겸허하게 받아들이기로 결심하며 청하오니
당신 은총의 빛으로 저희 마음에 평화를 주십시오.
더불어 저희 아이들에게도 새 마음과 새 영을 불어넣어 주십시오.
우리 주 예수 그리스도를 통하여 비나이다. 아멘.

### 마침 기도

✚ 지혜의 근원이신 성부께서는 참생명에 이르는 길로 인도하시고,
은총의 샘이신 성자께서는 진리의 말씀을 깨닫게 하시며,
위로의 빛이신 성령께서는 힘과 용기를 북돋아 주시어, 저희로 하여금
언제나 바르고 선한 것만을 배우고 그 배운 바를 실천하게 하소서.
◉ 아멘.

### 마침 성가   가톨릭 성가 238번 '자모신 마리아'

 **8일** 수험생을 위한 100일 기도 여덟 번째 날을 시작하겠습니다.

# 사랑 안에서 성장하게 하소서

### 시작 성가
가톨릭 성가 165번 '주의 잔치'

### 시작 기도
✠ 참지혜와 지식의 근원이신 예수 그리스도는 찬미 받으소서.
◉ 하느님, 영원토록 찬미와 영광 받으소서.

**성경 말씀** 에페 4,12-16

성도들이 직무를 수행하고 그리스도의 몸을 성장시키는 일을 하도록, 그들을 준비시키시려는 것이었습니다. 그리하여 우리가 모두 하느님의 아드님에 대한 믿음과 지식에서 일치를 이루고 성숙한 사람이 되며 그리스도의 충만한 경지에 다다르게 됩니다. 그러면 우리는 더 이상 어린아이가 아닐 것입니다. 어린아이들은 사람들의 속임수나 간교한 계략에서 나온 가르침의 온갖 풍랑에 흔들리고 이리저리 밀려다닙니다. 우리는 사랑으로 진리를 말하고 모든 면에서 자라나 그분에게까지 이르러야 합니다. 그분은 머리이신 그리스도이십니다. 그분 덕분에, 영양을 공급하는 각각의 관절로 온몸이 잘 결합되고 연결됩니다. 또한 각 기관이 알맞게 기능을 하여 온몸이 자라나게 됩니다. 그리하여 사랑으로 성장하는 것입니다.

**묵상 기도**

잠시 말씀을 묵상한 후, 자녀를 위한 간절한 지향을 담아 침묵 중에 기도합니다. (3~5분)

**묵주기도** 영광의 신비

**성인 호칭 기도**

**수험생을 위한 기도**

✚ 기도합시다.
◉ 영원히 마르지 않는 샘이신 주 예수 그리스도님,
시험이라는 한 가지 목표에 매달리게 되면서
자기 자신을 잃어버리고 마음마저 메말라 가는 아이들의 모습 앞에서
칼에 꿰찔리는 듯한 아픔을 느낍니다.
주님, 사막과도 같은 아이들 마음에 생명의 샘이 솟게 하시어
다시금 생기를 되찾게 해 주십시오.
또한 저희에게도 그 물을 나누어 주시어
지치지 않는 사랑 안에서 함께 성장하게 해 주십시오.

아이들이 공부를 구실로 정말 소중한 것들을
소홀히 하지 않도록 늘 깨우쳐 주시고,
무엇보다 주님을 멀리하는 일이 없도록 이끌어 주십시오.
모든 일 안에서 은혜로운 손길을 느끼고
친구들의 모습에서 예수님을 발견하며
친구들과 함께 그 사랑 안에서 성장하도록 도와주소서.
우리 주 예수 그리스도를 통하여 비나이다. 아멘.

### 마침 기도

✠ 지혜의 근원이신 성부께서는 참생명에 이르는 길로 인도하시고,
은총의 샘이신 성자께서는 진리의 말씀을 깨닫게 하시며,
위로의 빛이신 성령께서는 힘과 용기를 북돋아 주시어, 저희로 하여금
언제나 바르고 선한 것만을 배우고 그 배운 바를 실천하게 하소서.
◉ 아멘.

### 마침 성가   가톨릭 성가 36번 '거룩한 예수 마음'

# 9일

수험생을 위한 100일 기도 아홉 번째 날을 시작하겠습니다.

## 사랑을 통해 인생을 배우게 하소서

### 시작 성가

가톨릭 성가 442번 '주는 우리 행복'

### 시작 기도

✚ 참지혜와 지식의 근원이신 예수 그리스도는 찬미 받으소서.
◉ 하느님, 영원토록 찬미와 영광 받으소서.

**성경 말씀** 히브 10,19-24

우리는 예수님의 피 덕분에 성소에 들어간다는 확신을 가지고 있습니다. 그분께서는 그 휘장을 관통하는 새롭고도 살아 있는 길을 우리에게 열어 주셨습니다. 곧 당신의 몸을 통하여 그리해 주셨습니다. 우리에게는 하느님의 집을 다스리시는 위대한 사제가 계십니다. 그러니 진실한 마음과 확고한 믿음을 가지고 하느님께 나아갑시다. 우리의 마음은 그리스도의 피가 뿌려져 악에 물든 양심을 벗고 깨끗해졌으며, 우리의 몸은 맑은 물로 말끔히 씻겨졌습니다. 우리가 고백하는 희망을 굳게 간직합시다. 약속해 주신 분은 성실하신 분이십니다. 서로 자극을 주어 사랑과 선행을 하도록 주의를 기울입시다.

**묵상 기도**

잠시 말씀을 묵상한 후, 자녀를 위한 간절한 지향을 담아 침묵 중에 기도합니다. (3~5분)

**묵주기도  환희의 신비**

**성인 호칭 기도**

**수험생을 위한 기도**

✚ 기도합시다.
◉ 당신 모습대로 우리를 빚어 만드시고
삶이라는 소중한 선물을 주신 하느님, 감사와 찬미 받으소서.
눈부신 햇살이 아침을 열면 새롭게 주어진 하루 앞에서
오늘의 계획을 머리 속에 그려 봅니다.
새로운 하루를 설계하고 활기차게 시작할 때면
인생이라는 긴 여정이 하루하루의 시간들이 모여 완성되어 감을
다시금 깨달으며, 마음을 더욱 올곧게 세우게 됩니다.
우리 삶의 인도자이신 주님,

저와 저희 아이들에게 무엇보다 먼저 사랑하는 법을 가르쳐 주시고
그 사랑을 통해서 인생을 배우게 해 주십시오.
입술에는 축복의 말을, 눈길에는 따뜻한 호의를,
손길에는 섬세한 배려를 담는 법을 가르쳐 주시어
당신의 자녀답게 살아가게 하소서.
힘겹고 고단한 순간에도 삶이라는 소중한 선물 앞에
다시금 감사하고 웃을 수 있는 마음을 허락하소서.
우리 주 예수 그리스도를 통하여 비나이다. 아멘.

### 마침 기도

✚ 지혜의 근원이신 성부께서는 참생명에 이르는 길로 인도하시고,
은총의 샘이신 성자께서는 진리의 말씀을 깨닫게 하시며,
위로의 빛이신 성령께서는 힘과 용기를 북돋아 주시어, 저희로 하여금
언제나 바르고 선한 것만을 배우고 그 배운 바를 실천하게 하소서.
◉ 아멘.

### 마침 성가  가톨릭 성가 39번 '하나 되게 하소서'

# 10일  수험생을 위한 100일 기도 열 번째 날을 시작하겠습니다.

## 걱정과 불안을 거두어 주소서

**시작 성가**

가톨릭 성가 56번 '목자를 따라서'

**시작 기도**

✚ 참지혜와 지식의 근원이신 예수 그리스도는 찬미 받으소서.
◉ 하느님, 영원토록 찬미와 영광 받으소서.

**성경 말씀** 필리 4,4-9

주님 안에서 늘 기뻐하십시오. 거듭 말합니다. 기뻐하십시오. 여러분의 너그러운 마음을 모든 사람이 알 수 있게 하십시오. 주님께서 가까이 오셨습니다. 아무것도 걱정하지 마십시오. 어떠한 경우에든 감사하는 마음으로 기도하고 간구하며 여러분의 소원을 하느님께 아뢰십시오. 그러면 사람의 모든 이해를 뛰어넘는 하느님의 평화가 여러분의 마음과 생각을 그리스도 예수님 안에서 지켜 줄 것입니다. 끝으로, 형제 여러분, 참된 것과 고귀한 것과 의로운 것과 정결한 것과 사랑스러운 것과 영예로운 것은 무엇이든지, 또 덕이 되는 것과 칭송받는 것은 무엇이든지 다 마음에 간직하십시오. 그리고 나에게서 배우고 받고 듣고 본 것을 그대로 실천하십시오. 그러면 평화의 하느님께서 여러분과 함께 계실 것입니다.

**묵상 기도**

잠시 말씀을 묵상한 후, 자녀를 위한 간절한 지향을 담아 침묵 중에
기도합니다. (3~5분)

**묵주기도  빛의 신비**

**성인 호칭 기도**

**수험생을 위한 기도**

✚ 기도합시다.
◉ 평화의 왕이신 주 예수님, 시험을 준비하는 아이를 지켜보는 저희도
아이들과 똑같은 무게의 걱정과 불안의 짐을 지고 있습니다.
모든 짐을 당신께 맡기라시던 주님 앞에
저희의 걱정과 불안을 내려놓습니다.
나약한 인간이기에 작은 미풍에도 흔들리고
시시때때로 다가오는 두려움에 휩싸이기도 하지만
제가 어디에 있든 주님께서 함께하고 계신다는 믿음이
가장 큰 위안이고 희망입니다.

주님, 저희에게 눈앞의 것 너머를 볼 수 있는
마음의 여유를 허락해 주십시오.
항구한 기도 안에서 저희의 모든 걱정과 불안을 뚫고 들어오는
주님의 평화를 만나고 누리게 해 주십시오.
공부에 대한 중압감에서 벗어나 미래를 향해
더 큰 발걸음을 내딛을 수 있는 용기를 주십시오.
우리 주 예수 그리스도를 통하여 비나이다. 아멘.

### 마침 기도

✚ 지혜의 근원이신 성부께서는 참생명에 이르는 길로 인도하시고,
은총의 샘이신 성자께서는 진리의 말씀을 깨닫게 하시며,
위로의 빛이신 성령께서는 힘과 용기를 북돋아 주시어, 저희로 하여금
언제나 바르고 선한 것만을 배우고 그 배운 바를 실천하게 하소서.
◉ 아멘.

### 마침 성가  가톨릭 성가 474번 '주여 사랑으로 하나 되게'

# 2 마당

## 슬기와 사랑으로 아이들을 성장시켜 주시는 주님은 찬미 받으소서

# 11일

수험생을 위한 100일 기도 열한 번째 날을 시작하겠습니다.

## 더 소중한 것을 잃지 않게 하소서

### 시작 성가

가톨릭 성가 154번 '주여 어서 오소서'

### 시작 기도

✚ 슬기와 사랑으로 아이들을 성장시켜 주시는 주님은 찬미 받으소서.
◉ 하느님, 영원토록 찬미와 영광 받으소서.

**성경 말씀**  1열왕 5,9-14

하느님께서 솔로몬에게 지혜와 매우 뛰어난 분별력과 넓은 마음을 바닷가의 모래처럼 주시니, 솔로몬의 지혜는 동방 모든 이의 지혜와 이집트의 모든 지혜보다 뛰어났다. 그는 어느 누구보다 지혜로웠다. 제라 사람 에탄이나 마홀의 아들들 헤만과 칼콜과 다르다보다 더 지혜로웠으므로, 주변 모든 민족들 가운데에 이름을 떨쳤다. 그는 잠언을 삼천 개나 지었고, 그의 노래는 천다섯 편이나 되었다. 솔로몬은 레바논에 있는 향백나무부터 담벼락에서 자라는 우슬초에 이르기까지 초목들에 관하여 이야기할 수 있었으며, 짐승과 새와 기어 다니는 것과 물고기에 관하여도 이야기할 수 있었다. 그리하여 모든 민족들에게서 사람들이 솔로몬의 지혜를 들으러 왔다. 그 가운데에는 세상 모든 임금이 그의 지혜에 관하여 소문을 듣고 보낸 이들도 있었다.

### 묵상 기도

잠시 말씀을 묵상한 후, 자녀를 위한 간절한 지향을 담아 침묵 중에 기도합니다. (3~5분)

### 묵주기도  고통의 신비
### 성인 호칭 기도
### 수험생을 위한 기도

✚ 기도합시다.
◉ 진실함 속에서 당신 모습을 드러내시는 주님,
저희 아이들은 공부에만 매달리다 보니 정작 소중한 일들을
소홀히 하거나 아예 무시해 버리는 실수를 범하곤 합니다.
또한 수험생이라는 처지를 앞세워 자신의 욕구만을 채우려 하기도 합니다.
주님, 사랑 어린 다독거림으로 아이들을 이끌어 주시어
진정 소중한 것이 무엇인지 깨닫게 하시고
자신의 모습을 진실되이 만날 수 있도록 도와주십시오.
아울러 간절함으로 드리는 저희의 기도 안에

혹여 욕심과 겉치레가 숨어 있다면 진실의 빛으로 정화시켜 주십시오.
아이들이 시험을 준비하는 어려움 안에서도
무엇이 옳고 그른지, 무엇이 소중하고 중요한 것인지
깨달을 수 있는 분별력을 주시어
언제나 바른 선택을 할 수 있는 지혜를 주소서.
그리하여 모든 수험생이 자신 앞에 놓인 장애물들을 피해 가기보다
적극적으로 극복해 나가며 참지식에 이르게 하소서.
우리 주 예수 그리스도를 통하여 비나이다. 아멘.

### 마침 기도

✚ 지혜의 근원이신 성부께서는 참생명에 이르는 길로 인도하시고,
은총의 샘이신 성자께서는 진리의 말씀을 깨닫게 하시며,
위로의 빛이신 성령께서는 힘과 용기를 북돋아 주시어, 저희로 하여금
언제나 바르고 선한 것만을 배우고 그 배운 바를 실천하게 하소서.
◉ 아멘.

### 마침 성가  가톨릭 성가 494번 '사랑의 불을 놓으소서'

# 12일

수험생을 위한 100일 기도 열두 번째 날을 시작하겠습니다.

## 마음에 좋은 변화를 일으키소서

**시작 성가**

가톨릭 성가 200번 '열절하신 주의 사랑'

**시작 기도**

✚ 슬기와 사랑으로 아이들을 성장시켜 주시는 주님은 찬미 받으소서.
◉ 하느님, 영원토록 찬미와 영광 받으소서.

**성경 말씀** 2코린 3,6-12

하느님께서 우리에게 새 계약의 일꾼이 되는 자격을 주셨습니다. 이 계약은 문자가 아니라 성령으로 된 것입니다. 문자는 사람을 죽이고 성령은 사람을 살립니다. 돌에 문자로 새겨 넣은 죽음의 직분도 영광스럽게 이루어졌습니다. 그래서 곧 사라질 것이기는 하였지만 모세의 얼굴에 나타난 영광 때문에, 이스라엘 자손들이 그의 얼굴을 쳐다볼 수 없었습니다. 그렇다면 성령의 직분은 얼마나 더 영광스럽겠습니까? 단죄로 이끄는 직분에도 영광이 있었다면, 의로움으로 이끄는 직분은 더욱더 영광이 넘칠 것입니다. 사실 이 경우, 영광으로 빛나던 것이 더 뛰어난 영광 때문에 빛을 잃게 되었습니다. 곧 사라질 것도 영광스러웠다면 길이 남을 것은 더욱더 영광스러울 것입니다. 우리는 이러한 희망을 가지고 있기에 아주 담대히 행동합니다.

**묵상 기도**

잠시 말씀을 묵상한 후, 자녀를 위한 간절한 지향을 담아 침묵 중에 기도합니다. (3~5분)

**묵주기도**  영광의 신비

**성인 호칭 기도**

**수험생을 위한 기도**

✚ 기도합시다.
◉ 세상 창조 이전에 저희를 선택하시어
당신 앞에 거룩하고 흠 없는 모습으로 서게 하신 하느님,
만물은 계절에 따라 끊임없이 변하며 창조의 신비를 노래합니다.
하지만 태초의 고유함은 그대로 간직하고 있듯,
당신 앞에 마음 숙여 기도하는 저희 부모들의 심정도
하루가 다르게 오르락내리락 변화를 거듭하지만
부모로서의 애틋함과 사랑은 변할 수 없음을 고백하게 됩니다.
우리 아이들도 수험생이 되면서 예전과는 많이 달라진 모습으로

가끔은 당황스럽고 낯설게 다가올 때가 있습니다.
안팎으로 다가오는 어려움이 그만큼 힘겹다는 표현이겠지만
한편으로는 이 변화가 성장의 다른 모습이리라 믿습니다.
악에서도 선을 끌어내시고 고통을 사랑으로 변화시키시는 주님,
저희의 마음에 날마다 좋은 변화를 일으켜 주소서.
아이들의 일그러지고 상처 난 모습 속에서도 당신께서 주신
고유한 아름다움과 선함을 발견할 수 있는 사랑의 눈을 허락하소서.
우리 주 예수 그리스도를 통하여 비나이다. 아멘.

### 마침 기도

✚ 지혜의 근원이신 성부께서는 참생명에 이르는 길로 인도하시고,
은총의 샘이신 성자께서는 진리의 말씀을 깨닫게 하시며,
위로의 빛이신 성령께서는 힘과 용기를 북돋아 주시어, 저희로 하여금
언제나 바르고 선한 것만을 배우고 그 배운 바를 실천하게 하소서.
◉ 아멘.

### 마침 성가   가톨릭 성가 471번 '강물처럼 흐르는 사랑'

# 13일

수험생을 위한 100일 기도 열세 번째 날을 시작하겠습니다.

## 힘겨운 저희 손을 잡아 주소서

**시작 성가**

가톨릭 성가 26번 '이끌어 주소서'

**시작 기도**

✚ 슬기와 사랑으로 아이들을 성장시켜 주시는 주님은 찬미 받으소서.
◉ 하느님, 영원토록 찬미와 영광 받으소서.

**성경 말씀** 시편 22,2-3.20-25

저의 하느님, 저의 하느님, 어찌하여 저를 버리셨습니까? 소리쳐 부르건만 구원은 멀리 있습니다. 저의 하느님, 온종일 외치건만 당신께서 응답하지 않으시니 저는 밤에도 잠자코 있을 수 없습니다. 주님, 당신께서는 멀리 계시지 마소서. 저의 힘이시여, 어서 저를 도우소서. 저의 생명을 칼에서, 저의 목숨을 개들의 발에서 구하소서. 사자의 입에서, 들소들의 뿔에서 저를 살려 내소서. 당신께서는 저에게 대답해 주셨습니다. 저는 당신 이름을 제 형제들에게 전하고 모임 한가운데에서 당신을 찬양하오리다. 주님을 경외하는 이들아, 주님을 찬양하여라. 야곱의 모든 후손들아, 주님께 영광 드려라. 이스라엘의 모든 후손들아, 주님을 두려워하여라. 그분께서는 가련한 이의 가엾음을 업신여기지도 싫어하지도 않으시고 그에게서 당신 얼굴을 감추지도 않으시며 그가 당신께 도움 청할 때 들어주신다.

**묵상 기도**

잠시 말씀을 묵상한 후, 자녀를 위한 간절한 지향을 담아 침묵 중에 기도합니다. (3~5분)

**묵주기도 환희의 신비**
**성인 호칭 기도**
**수험생을 위한 기도**

✚ 기도합시다.
◉ 저의 주님, 저의 하느님,
새로운 기운으로 눈을 뜨는 아침이면
고단하고 지친 몸과 마음에 당신께서 밤새 불어넣어 주신
사랑의 숨결을 느끼며 온몸 구석구석 감사의 눈물을 흘립니다.
더불어 새롭게 걸어가야 할 오늘 하루의 여정에도
한 걸음 한 걸음 사랑의 발자국을 남기라는 조용한 가르침을 듣습니다.
하지만 지금 곁에서 피곤한 몸과 마음을 힘겹게 일으켜 세우는
저희 아이의 애처로운 몸짓을 보면서 남몰래 한숨짓는 것이

어쩔 수 없는 부모의 마음입니다.
저희의 작은 한숨 소리도 놓치지 않으시는 주님,
약해지려는 저희의 마음을 당신의 강한 팔로 다잡아 주시고
휘청거리는 아이를 당신의 따뜻한 품에 안아 일으켜 주소서.
앞이 보이지 않는 캄캄한 어둠 속에서도
먼저 손을 내밀고 기다려 주시는 주님이 계심을 기억하며
당신의 손을 잡고 사랑으로 다시 시작하게 하소서.
우리 주 예수 그리스도를 통하여 비나이다. 아멘.

### 마침 기도

✚ 지혜의 근원이신 성부께서는 참생명에 이르는 길로 인도하시고,
은총의 샘이신 성자께서는 진리의 말씀을 깨닫게 하시며,
위로의 빛이신 성령께서는 힘과 용기를 북돋아 주시어, 저희로 하여금
언제나 바르고 선한 것만을 배우고 그 배운 바를 실천하게 하소서.
◉ 아멘.

### 마침 성가   가톨릭 성가 32번 '언제나 주님과 함께'

# 14일

수험생을 위한 100일 기도 열네 번째 날을 시작하겠습니다.

## 주님의 자녀들을 영적으로 무장시키소서

### 시작 성가

가톨릭 성가 403번 '가난한 자입니다'

### 시작 기도

✚ 슬기와 사랑으로 아이들을 성장시켜 주시는 주님은 찬미 받으소서.
◉ 하느님, 영원토록 찬미와 영광 받으소서.

**성경 말씀** 1코린 2,6-10

성숙한 이들 가운데에서는 우리도 지혜를 말합니다. 그러나 그 지혜는 이 세상의 것도 아니고 파멸하게 되어 있는 이 세상 우두머리들의 것도 아닙니다. 우리는 하느님의 신비롭고 또 감추어져 있던 지혜를 말합니다. 그것은 세상이 시작되기 전, 하느님께서 우리의 영광을 위하여 미리 정하신 지혜입니다. 이 세상 우두머리들은 아무도 그 지혜를 깨닫지 못하였습니다. 그들이 깨달았더라면 영광의 주님을 십자가에 못 박지 않았을 것입니다. 그러나 성경에 기록된 그대로 되었습니다. "어떠한 눈도 본 적이 없고 어떠한 귀도 들은 적이 없으며 사람의 마음에도 떠오른 적이 없는 것들을 하느님께서는 당신을 사랑하는 이들을 위하여 마련해 두셨다." 하느님께서는 성령을 통하여 그것들을 바로 우리에게 계시해 주셨습니다. 성령께서는 모든 것을, 그리고 하느님의 깊은 비밀까지도 통찰하십니다.

**묵상 기도**

잠시 말씀을 묵상한 후, 자녀를 위한 간절한 지향을 담아 침묵 중에 기도합니다. (3~5분)

**묵주기도** 빛의 신비
**성인 호칭 기도**
**수험생을 위한 기도**

✚ 기도합시다.
◉ 처음, 당신 앞에서 저의 주님이심을 고백할 땐,
사랑 때문에 가슴이 벅차올라 주님 없이는 살 수 없을 것 같았습니다.
하지만 세월이 흐르면서 뜨겁던 마음도 점점 식어 가고
주님의 뜻을 찾기보다 저의 욕망을 좇곤 합니다.
당신을 향한 순수한 마음을 잃어버린 채
겉만 화려한 세속의 가치들에 깊이 물들어 있는 모습을 만납니다.
이렇듯 메마르고 척박한 땅에서는 생명이 살 수 없음을 압니다.
생명의 원천이신 주님,

주님께로부터 멀어져 메마르고 거칠어진 제 신앙의 토양에
회개의 빛을 비춰 주시고, 은총의 비를 내려 주소서.
다시금 영적 인간으로 거듭나 참생명을 나누게 하소서.
주님께서 저희에게 맡기신 아이들의 신앙도 돌보시어
아이들 마음 밭에 뿌려진 믿음의 씨앗이 건강하게 자라게 하시고
영적으로 단단히 무장시켜 주시어
시련 앞에서 더욱 아름다운 꽃을 피워 내게 하소서.
우리 주 예수 그리스도를 통하여 비나이다. 아멘.

### 마침 기도

✚ 지혜의 근원이신 성부께서는 참생명에 이르는 길로 인도하시고,
은총의 샘이신 성자께서는 진리의 말씀을 깨닫게 하시며,
위로의 빛이신 성령께서는 힘과 용기를 북돋아 주시어, 저희로 하여금
언제나 바르고 선한 것만을 배우고 그 배운 바를 실천하게 하소서.
◉ 아멘.

### 마침 성가  가톨릭 성가 34번 '길이요 진리요 생명이신 주'

# 15일

수험생을 위한 100일 기도 열다섯 번째 날을 시작하겠습니다.

## 세상의 소금으로 자라게 하소서

### 시작 성가

가톨릭 성가 421번 '나는 세상의 빛입니다'

### 시작 기도

✚ 슬기와 사랑으로 아이들을 성장시켜 주시는 주님은 찬미 받으소서.
◉ 하느님, 영원토록 찬미와 영광 받으소서.

**성경 말씀** 콜로 4,2-6

기도에 전념하십시오. 감사하는 마음으로 기도하면서 깨어 있으십시오. 말씀을 전할 수 있는 문을 하느님께서 열어 주시어 우리가 그리스도의 신비를 말할 수 있도록, 우리를 위해서도 기도해 주십시오. 나는 그 신비를 위하여 지금 갇혀 있습니다. 그러니 내가 마땅히 해야 하는 말로 그 신비를 분명히 드러낼 수 있도록 기도해 주십시오. 바깥 사람들에게는 지혜롭게 처신하고 시간을 잘 쓰십시오. 여러분의 말은 언제나 정답고 또 소금으로 맛을 낸 것 같아야 합니다. 그리하여 여러분은 누구에게나 어떻게 대답해야 할지 알아야 합니다.

### 묵상 기도

잠시 말씀을 묵상한 후, 자녀를 위한 간절한 지향을 담아 침묵 중에 기도합니다. (3~5분)

### 묵주기도　고통의 신비
### 성인 호칭 기도
### 수험생을 위한 기도

✚ 기도합시다.
◉ 평화의 원천이신 주 하느님,
함께 어우러져 살아가는 세상 안에서
세상의 소금이 되어야 한다는 당신의 말씀을 새겨 봅니다.
과연 세상 안에서 그리고 가정 안에서
짠맛을 잃지 않은 소금처럼 살아왔는지 생각해 보면,
저희는 주님 앞에서 부끄럽기만 합니다.
이제 마음을 추스려 당신 앞에 겸손되이 청합니다.
세례 때의 첫 마음을 기억하게 하시어 소금처럼, 빛처럼,

산 위의 등불처럼 살아가겠다던 마음을 새로이 다지게 하소서.
시험이라는 힘겨운 틀에 갇혀
점점 움츠러들고 존재감마저 작아지는 아이들에게도
신앙인으로서의 소중한 소명을 기억할 수 있는 여유를 주십시오.
자신의 세계를 넘어 주위를 둘러볼 줄 알고
세상의 아픔에도 관심을 기울이는 이 시대의 소금으로
주님의 자녀답게 자라게 해 주십시오.
우리 주 예수 그리스도를 통하여 비나이다. 아멘.

### 마침 기도

✚ 지혜의 근원이신 성부께서는 참생명에 이르는 길로 인도하시고,
은총의 샘이신 성자께서는 진리의 말씀을 깨닫게 하시며,
위로의 빛이신 성령께서는 힘과 용기를 북돋아 주시어, 저희로 하여금
언제나 바르고 선한 것만을 배우고 그 배운 바를 실천하게 하소서.
◉ 아멘.

### 마침 성가  가톨릭 성가 46번 '사랑의 송가'

## 16일 수험생을 위한 100일 기도 열여섯 번째 날을 시작하겠습니다.

# 마음을 다스릴 줄 아는 지혜를 주소서

### 시작 성가

가톨릭 성가 517번 '내가 절망 속에'

### 시작 기도

✚ 슬기와 사랑으로 아이들을 성장시켜 주시는 주님은 찬미 받으소서.
◉ 하느님, 영원토록 찬미와 영광 받으소서.

**성경 말씀** 콜로 3,9-14

서로 거짓말을 하지 마십시오. 여러분은 옛 인간을 그 행실과 함께 벗어 버리고, 새 인간을 입은 사람입니다. 새 인간은 자기를 창조하신 분의 모상에 따라 끊임없이 새로워지면서 참지식에 이르게 됩니다. 여기에는 그리스인도 유다인도, 할례 받은 이도 할례 받지 않은 이도, 야만인도, 스키티아인도, 종도, 자유인도 없습니다. 그리스도만이 모든 것이며 모든 것 안에 계십니다. 그러므로 하느님께 선택된 사람, 거룩한 사람, 사랑받는 사람답게 마음에서 우러나오는 동정과 호의와 겸손과 온유와 인내를 입으십시오. 누가 누구에게 불평할 일이 있더라도 서로 참아 주고 서로 용서해 주십시오. 주님께서 여러분을 용서하신 것처럼 여러분도 서로 용서하십시오. 이 모든 것 위에 사랑을 입으십시오. 사랑은 완전하게 묶어 주는 끈입니다.

**묵상 기도**

잠시 말씀을 묵상한 후, 자녀를 위한 간절한 지향을 담아 침묵 중에 기도합니다. (3~5분)

**묵주기도   영광의 신비**

**성인 호칭 기도**

**수험생을 위한 기도**

✠ 기도합시다.
◉ 고통 속에서 인내를 가르치시는 주님,
자연이야말로 삶을 배울 수 있는 더없이 훌륭한 스승임을 깨닫게 됩니다.
풍요로운 열매를 맺기 위해 모진 비바람을 견디어 내고
뜨거운 햇살을 온몸으로 끌어안으며 모든 고통을 순하게 받아들이는 모습은
고되지만 참으로 가치 있는 과정임을 말없이 일러 줍니다.
시간이 자꾸 흐르고 기대했던 만큼 성적이 나오지 않으니
아이들은 공부를 포기하고픈 유혹 앞에서 방황하는 듯합니다.
불안과 두려움 때문인지 주어진 시간을 알뜰하게 보내지 못하고

작은 일에도 화를 내며 자포자기한 듯 어깨가 처져 있곤 합니다.
부모로서 시원하게 털어놓을 수도 없는 속앓이를 하면서
아이들의 마음을 다독여 보지만 저희 힘만으로는 부족합니다.
주님, 아이들에게 목적지까지 포기하지 않고 갈 수 있는 힘을 주시고
어려움을 받아들이는 과정 안에서 끈기와 인내를 배우게 해 주십시오.
자신의 목표를 이루기 위해 마음을 다스릴 줄 아는
지혜를 가르쳐 주소서.
우리 주 예수 그리스도를 통하여 비나이다. 아멘.

### 마침 기도

✚ 지혜의 근원이신 성부께서는 참생명에 이르는 길로 인도하시고,
은총의 샘이신 성자께서는 진리의 말씀을 깨닫게 하시며,
위로의 빛이신 성령께서는 힘과 용기를 북돋아 주시어, 저희로 하여금
언제나 바르고 선한 것만을 배우고 그 배운 바를 실천하게 하소서.
◉ 아멘.

### 마침 성가  가톨릭 성가 177번 '만나를 먹은 이스라엘 백성'

# 17일 수험생을 위한 100일 기도 열일곱 번째 날을 시작하겠습니다.

## 부모의 헛된 욕심을 거두어 주소서

**시작 성가**

가톨릭 성가 501번 '받으소서 우리 마음'

**시작 기도**

✚ 슬기와 사랑으로 아이들을 성장시켜 주시는 주님은 찬미 받으소서.
◉ 하느님, 영원토록 찬미와 영광 받으소서.

**성경 말씀** 이사 57,15-19

"나는 드높고 거룩한 곳에 좌정하여 있지만 겸손한 이들의 넋을 되살리고 뉘우치는 이들의 마음을 되살리려고 뉘우치는 이들과 겸손한 이들과 함께 있다. 나는 끝끝내 따지지 않고 끝까지 화를 내지 않는다. 넋들이, 내가 만든 혼들이 내 앞에서 힘을 잃을 것이기 때문이다. 나는 그들의 탐욕 죄 때문에 화가 나 그들을 치고 분노가 치밀어 내 얼굴을 가려 버렸다. 배신하여 제 마음의 길로 가 버린 그들. 나는 그들의 길을 보았다. 그러나 나는 그들의 병을 고쳐 주고 그들을 인도하며 그들에게 위로로 갚아 주리라. 또 그들 가운데 슬퍼하는 이들에게 나는 입술의 열매를 맺어 주리라. 멀리 있는 이들에게도 가까이 있는 이들에게도 평화, 평화!"

### 묵상 기도

잠시 말씀을 묵상한 후, 자녀를 위한 간절한 지향을 담아 침묵 중에 기도합니다. (3~5분)

### 묵주기도  환희의 신비
### 성인 호칭 기도
### 수험생을 위한 기도

✚ 기도합시다.
◉ 주님, 저희의 마음은 변덕스러운 날씨와도 같아
평온함 가운데도 갑작스레 근심의 먹구름이 몰려오기도 하고
비웠다고 여겼던 자리에 욕심의 회오리가 휘몰아치기도 합니다.
바라던 것을 얻게 되어 기쁨과 감사에 들뜨다가도
어느새 더 높고 더 나은 것들에 눈길을 돌리며
채울 수 없는 욕망을 좇곤 합니다.
자신이 꿈꾸는 미래를 얻고자 한 걸음씩 힘주어 내딛고 있는 아이들도
이상과 현실이 엇갈리는 여러 갈래의 길 앞에서 갈등을 겪고 있습니다.

저희에게 가장 좋은 것이 무엇인지 알고 계신 주님,
아이들이 누구의 눈치도 보지 않고 자신이 진정 바라는 꿈을
실현할 수 있는 결정을 내릴 수 있도록 참된 분별력과 용기를 주소서.
저희 부모들에게는 헛된 욕심과 부담스러운 강요로
아이들의 짐을 더 무겁게 하지 않도록 빈 마음을 주시어
주님께서 아이들에게 주신 고유한 재능을 꽃피우도록 돕는
사랑의 응원군이 되게 하소서.
우리 주 예수 그리스도를 통하여 비나이다. 아멘.

### 마침 기도

✚ 지혜의 근원이신 성부께서는 참생명에 이르는 길로 인도하시고,
은총의 샘이신 성자께서는 진리의 말씀을 깨닫게 하시며,
위로의 빛이신 성령께서는 힘과 용기를 북돋아 주시어, 저희로 하여금
언제나 바르고 선한 것만을 배우고 그 배운 바를 실천하게 하소서.
◉ 아멘.

### 마침 성가   가톨릭 성가 49번 '옹기장이'

# 18일

수험생을 위한 100일 기도 열여덟 번째 날을 시작하겠습니다.

## 주님의 법을 마음에 새겨 주소서

### 시작 성가

가톨릭 성가 64번 '이스라엘 들으라'

### 시작 기도

✚ 슬기와 사랑으로 아이들을 성장시켜 주시는 주님은 찬미 받으소서.
◉ 하느님, 영원토록 찬미와 영광 받으소서.

**성경 말씀**  이사 51,4-8

"내 백성아, 내 말을 들어라. 내 겨레야, 내게 귀를 기울여라. 나에게서 가르침이 나가리라. 나의 공정을 내가 민족의 빛으로 만들리라. 내가 재빠르게 나의 정의를 가까이 가져오리니 나의 구원이 나아가고 나의 팔이 민족들을 심판하리라. 섬들이 나를 고대하며 나의 팔에 희망을 걸리라. 너희는 하늘로 눈을 들어라. 아래로 땅을 바라보아라. 하늘은 연기처럼 스러지고 땅은 옷처럼 해지며 그 주민들은 모기 떼처럼 죽어 가리라. 그러나 나의 구원은 영원하고 나의 의로움은 꺾이지 않으리라. 내 말을 들어라, 의로움을 아는 이들아 내 가르침을 마음속에 간직한 백성아. 사람들의 모욕을 두려워하지 말고 그들의 악담에 낙심하지 마라. 그들을 옷인 양 좀이 먹어 버리고 그들을 양털인 양 벌레가 먹어 버릴 것이다. 그러나 나의 의로움은 영원하고 나의 구원은 대대에 미치리라."

**묵상 기도**

잠시 말씀을 묵상한 후, 자녀를 위한 간절한 지향을 담아 침묵 중에 기도합니다. (3~5분)

**묵주기도  빛의 신비**

**성인 호칭 기도**

**수험생을 위한 기도**

✚ 기도합시다.
◉ 언제나 저희가 행복하기를 바라시는 하느님,
당신을 향한 저희의 간절한 눈길을 굽어보시고
언제나 저희의 바람에 귀 기울여 주시니 감사합니다.
주님의 백성으로서 어떤 처지에서든
사랑의 법을 중심에 두고 살아가야 하지만 저희의 모든 관심이
온통 아이에게만 쏠려 아는 바를 삶으로 살아내지 못합니다.
아이가 던지는 한마디에 바짝 긴장하기도 하고
따끔한 충고가 필요한데도 가여운 마음에 눈감아 버리곤 합니다.

하루하루가 살얼음판을 걷듯 조마조마합니다.
저희 마음의 임금이요 주인이신 주님,
저희가 부모로서 참된 권위를 가지고 아이들을 대하게 하시어
참으로 소중한 것이 무엇인지를 망설임 없이 가르치게 하소서.
주님께서 가르쳐 주신 사랑의 법을 저희 마음에도 새겨 주시어
당신께서 저희 가정의 중심에 사랑으로 머물고 계심을
믿음 속에 고백하게 하소서.
우리 주 예수 그리스도를 통하여 비나이다. 아멘.

### 마침 기도

✚ 지혜의 근원이신 성부께서는 참생명에 이르는 길로 인도하시고,
은총의 샘이신 성자께서는 진리의 말씀을 깨닫게 하시며,
위로의 빛이신 성령께서는 힘과 용기를 북돋아 주시어, 저희로 하여금
언제나 바르고 선한 것만을 배우고 그 배운 바를 실천하게 하소서.
◉ 아멘.

### 마침 성가   가톨릭 성가 59번 '주께선 나의 피난처'

# 19일

수험생을 위한 100일 기도 열아홉 번째 날을 시작하겠습니다.

## 좁은 문으로 들어가게 하소서

### 시작 성가

가톨릭 성가 451번 '주께 나아가리다'

### 시작 기도

✚ 슬기와 사랑으로 아이들을 성장시켜 주시는 주님은 찬미 받으소서.
◉ 하느님, 영원토록 찬미와 영광 받으소서.

**성경 말씀** **루카 13,22-27**

예수님께서는 예루살렘으로 여행을 하시는 동안, 여러 고을과 마을을 지나며 가르치셨다. 그런데 어떤 사람이 예수님께 "주님, 구원받을 사람은 적습니까?" 하고 물었다. 예수님께서 그들에게 이르셨다. "너희는 좁은 문으로 들어가도록 힘써라. 내가 너희에게 말한다. 많은 사람이 그곳으로 들어가려고 하겠지만 들어가지 못할 것이다. 집주인이 일어나 문을 닫아 버리면, 너희가 밖에 서서 '주님, 문을 열어 주십시오.' 하며 문을 두드리기 시작하여도, 그는 '너희가 어디에서 온 사람들인지 나는 모른다.' 하고 대답할 것이다. 그러면 너희는 이렇게 말하기 시작할 것이다. '저희는 주님 앞에서 먹고 마셨고, 주님께서는 저희가 사는 길거리에서 가르치셨습니다.' 그러나 집주인은 '너희가 어디에서 온 사람들인지 나는 모른다. 모두 내게서 물러가라, 불의를 일삼는 자들아!' 하고 너희에게 말할 것이다."

**묵상 기도**

잠시 말씀을 묵상한 후, 자녀를 위한 간절한 지향을 담아 침묵 중에 기도합니다. (3~5분)

**묵주기도** 고통의 신비

**성인 호칭 기도**

**수험생을 위한 기도**

✚ 기도합시다.
◉ 언제나 사랑으로 저희를 이끌어 주시는 예수님,
당신은 하느님 아버지께로 가는 유일한 문이십니다.
저희는 인생의 길에서 수없이 많은 여러 문 앞에 서게 됩니다.
적당히 피해 가고 타협하면 쉽게 열리는 안락함의 문이 있고,
이웃과는 함께 들어갈 수 없는 이기심의 문도 있습니다.
하지만 주님께서 이끄시는 문은
허리를 굽히고 마음을 비워야만 들어갈 수 있는 겸손의 문입니다.
지금 저희 아이들도 중요한 선택의 문 앞에 서 있습니다.

넓고 편한 문을 선택하라는 달콤한 유혹이 수없이 아이들을 괴롭힙니다.
주님, 저희 아이들이 편안해 보이는 것들에 쉽게 안주하지 않고
더 높은 이상과 고귀한 가치에 마음을 두게 하소서.
당신께서 앞장서 걷고 계심을 믿고
망설임 없이 좁은 문을 두드리게 하소서.
미약하나마 간절한 마음으로 드리는 저희의 기도가
아이들의 지친 발걸음에 작은 휴식이 되게 하소서.
우리 주 예수 그리스도를 통하여 비나이다. 아멘.

### 마침 기도

✜ 지혜의 근원이신 성부께서는 참생명에 이르는 길로 인도하시고,
은총의 샘이신 성자께서는 진리의 말씀을 깨닫게 하시며,
위로의 빛이신 성령께서는 힘과 용기를 북돋아 주시어, 저희로 하여금
언제나 바르고 선한 것만을 배우고 그 배운 바를 실천하게 하소서.
◉ 아멘.

### 마침 성가  가톨릭 성가 63번 '온 세상에 전파하리'

# 20일

수험생을 위한 100일 기도 스무 번째 날을 시작하겠습니다.

## 맑은 영혼으로 깨어 있게 하소서

### 시작 성가

가톨릭 성가 21번 '지극히 전능하신 주여'

### 시작 기도

✚ 슬기와 사랑으로 아이들을 성장시켜 주시는 주님은 찬미 받으소서.
◉ 하느님, 영원토록 찬미와 영광 받으소서.

**성경 말씀**  1베드 1,5-9

여러분은 마지막 때에 나타날 준비가 되어 있는 구원을 얻도록, 여러분의 믿음을 통하여 하느님의 힘으로 보호를 받고 있습니다. 그러니 즐거워하십시오. 여러분이 지금 얼마 동안은 갖가지 시련을 겪으며 슬퍼하지 않을 수 없습니다. 그러나 그것은 불로 단련을 받고도 결국 없어지고 마는 금보다 훨씬 값진 여러분의 믿음의 순수성이 예수 그리스도께서 나타나실 때에 밝혀져, 여러분이 찬양과 영광과 영예를 얻게 하려는 것입니다. 여러분은 그리스도를 본 일이 없지만 그분을 사랑합니다. 여러분은 지금 그분을 보지 못하면서도 그분을 믿기에, 이루 말할 수 없는 영광스러운 기쁨 속에서 즐거워하고 있습니다. 여러분의 믿음의 목적인 영혼의 구원을 얻을 것이기 때문입니다.

### 묵상 기도

잠시 말씀을 묵상한 후, 자녀를 위한 간절한 지향을 담아 침묵 중에 기도합니다. (3~5분)

### 묵주기도  영광의 신비
### 성인 호칭 기도
### 수험생을 위한 기도

✚ 기도합시다.
◉ 주님, 오늘은 문득 아이가 첫울음을 터뜨렸을 때를 떠올리며
탄생의 경이로움으로 가슴이 벅차올랐던 순간을 기억합니다.
아이의 맑은 영혼을 지켜 주리라 몇 번이고 되뇌였던 다짐들…….
그동안 좋은 부모가 되고자 나름대로 애써 왔지만
후회와 안타까움들을 촘촘히 박으며 지내 온 시간임을 고백합니다.
제 속으로 낳은 자식이지만 그 속마음을 헤아릴 길 없어
가슴 졸이며 애태우던 순간들도 수없이 많았습니다.
마지막까지도 저희에 대한 사랑을 포기하지 않으시는 주님,

저희에게도 당신의 마음을 닮을 수 있는 은총을 주시어
아이를 향한 사랑을 포기하지 않도록 도와주소서.
아이들은 지금의 처지에서 그들이 겪어야 할 고뇌와 시련을
주님의 사랑 안에서 깨닫고 받아들이게 하소서.
주님의 따스한 손길을 통하여 위로받게 해 주시고
자신만의 좁은 세계에서 벗어나
맑은 영혼으로 모든 것을 보고 느끼게 하소서.
우리 주 예수 그리스도를 통하여 비나이다. 아멘.

### 마침 기도

✚ 지혜의 근원이신 성부께서는 참생명에 이르는 길로 인도하시고,
은총의 샘이신 성자께서는 진리의 말씀을 깨닫게 하시며,
위로의 빛이신 성령께서는 힘과 용기를 북돋아 주시어, 저희로 하여금
언제나 바르고 선한 것만을 배우고 그 배운 바를 실천하게 하소서.
◉ 아멘.

### 마침 성가   가톨릭 성가 66번 '주의 백성 모여 오라'

# 3 마당

저희에게 사랑과 기쁨을 허락하시는
주 예수님은 이 세상 모든 부모와 자녀를 통하여
찬미 받으소서

# 21일

수험생을 위한 100일 기도 스물한 번째 날을 시작하겠습니다.

## 무거운 가방 안에서
## 주님의 십자가를 보게 하소서

### 시작 성가

가톨릭 성가 118번 '골고타 언덕'

### 시작 기도

✚ 저희에게 사랑과 기쁨을 허락하시는 주 예수님은 이 세상 모든 부모와 자녀를 통하여 찬미 받으소서.
◉ 하느님, 영원토록 찬미와 영광 받으소서.

**성경 말씀** 루카 9,23-27

예수님께서 모든 사람에게 말씀하셨다. "누구든지 내 뒤를 따라오려면, 자신을 버리고 날마다 제 십자가를 지고 나를 따라야 한다. 정녕 자기 목숨을 구하려는 사람은 목숨을 잃을 것이고, 나 때문에 자기 목숨을 잃는 그 사람은 목숨을 구할 것이다. 사람이 온 세상을 얻고도 자기 자신을 잃거나 해치게 되면 무슨 소용이 있느냐? 누구든지 나와 내 말을 부끄럽게 여기면, 사람의 아들도 자기의 영광과 아버지와 거룩한 천사들의 영광에 싸여 올 때에 그를 부끄럽게 여길 것이다. 내가 참으로 너희에게 말한다. 이곳에 서 있는 이들 가운데에는 죽기 전에 하느님의 나라를 볼 사람들이 더러 있다."

### 묵상 기도

잠시 말씀을 묵상한 후, 자녀를 위한 간절한 지향을 담아 침묵 중에 기도합니다. (3~5분)

### 묵주기도  환희의 신비
### 성인 호칭 기도
### 수험생을 위한 기도

✚ 기도합시다.
◉ 주님, 당신의 십자가 아래 모든 짐 내려놓고 쉬고 싶습니다.
머리 속에 가득 찬 걱정거리와 답이 보이지 않는 문제들,
아이에게서 느껴지는 팽팽한 긴장감까지,
십자가 위에서도 저희의 고통을 두 팔 벌려 안으시는 주님께 드립니다.
가방 속 책 무게보다 걱정과 불안이라는 마음의 짐이
아이들의 어깨를 더 무겁게 짓누릅니다.
십자가를 지고 가는 아들을 바라보는 성모님의 심정을 떠올립니다.
십자가를 지고 당신을 따르라고 하신 예수님.

아이들이 자기에게 주어진 십자가를 받아들이며
십자가 안에 숨은 희망의 빛을 발견하게 하소서.
아들의 고통을 뜨거운 가슴으로 함께하며
그 안에서 이루어지는 하느님의 뜻을 믿으셨던 성모님!
'주님의 뜻대로 이루어지소서.' 하고 응답하셨던 그 기도를
한없이 부족한 부모인 저희의 가슴에도 심어 주소서.
십자가의 무게에 휘청거릴 때, 어머니의 따뜻한 품에 안아 주소서.
우리 주 예수 그리스도를 통하여 비나이다. 아멘.

### 마침 기도

✚ 지혜의 근원이신 성부께서는 참생명에 이르는 길로 인도하시고,
은총의 샘이신 성자께서는 진리의 말씀을 깨닫게 하시며,
위로의 빛이신 성령께서는 힘과 용기를 북돋아 주시어, 저희로 하여금
언제나 바르고 선한 것만을 배우고 그 배운 바를 실천하게 하소서.
◉ 아멘.

### 마침 성가  가톨릭 성가 236번 '사랑하올 어머니'

# 22일 수험생을 위한 100일 기도 스물두 번째 날을 시작하겠습니다.

## 잠자리라도 편안한 쉼이 되게 하소서

**시작 성가**

가톨릭 성가 59번 '주께선 나의 피난처'

**시작 기도**

✚ 저희에게 사랑과 기쁨을 허락하시는 주 예수님은 이 세상 모든 부모와 자녀를 통하여 찬미 받으소서.
◉ 하느님, 영원토록 찬미와 영광 받으소서.

**성경 말씀** 마르 4,35-41

그날 저녁이 되자 예수님께서 제자들에게, "호수 저쪽으로 건너가자." 하고 말씀하셨다. 그래서 그들이 군중을 남겨 둔 채, 배에 타고 계신 예수님을 그대로 모시고 갔는데, 다른 배들도 그분을 뒤따랐다. 그때에 거센 돌풍이 일어 물결이 배 안으로 들이쳐서, 물이 배에 거의 가득 차게 되었다. 그런데도 예수님께서는 고물에서 베개를 베고 주무시고 계셨다. 제자들이 예수님을 깨우며, "스승님, 저희가 죽게 되었는데도 걱정되지 않으십니까?" 하고 말하였다. 그러자 예수님께서 깨어나시어 바람을 꾸짖으시고 호수더러, "잠잠해져라. 조용히 하여라!" 하시니 바람이 멎고 아주 고요해졌다. 예수님께서는 그들에게, "왜 겁을 내느냐? 아직도 믿음이 없느냐?" 하고 말씀하셨다. 그들은 큰 두려움에 사로잡혀 서로 말하였다. "도대체 이분이 누구시기에 바람과 호수까지 복종하는가?"

**묵상 기도**

잠시 말씀을 묵상한 후, 자녀를 위한 간절한 지향을 담아 침묵 중에 기도합니다. (3~5분)

**묵주기도 빛의 신비**

**성인 호칭 기도**

**수험생을 위한 기도**

✚ 기도합시다.
◉ 고단한 여정 중에도 어김없이 쉼을 마련해 주시는 하느님,
주위를 둘러볼 겨를도 없이 분주하게 하루를 지내지만
당신 앞에 고요히 머물며 자신을 돌아보는 시간을 허락하소서.
매 순간 모든 일에 주님의 손길이 닿아 있음을 깨달으며 감사하게 하소서.
세상 만물을 쉬게 하시려 밤을 만드시고 잠이라는 소중한 선물을 주신 하느님,
아이들의 잠자리에 풍부한 사랑의 은총을 베풀어 주소서.
아이들이 지친 몸과 마음을 모두 내려 놓고 숙면을 취하게 하시어
내일 다시 활기차게 시작할 수 있는 새로운 힘을 주소서.

혹시라도 시험에 대한 스트레스 때문에
밤을 지새며 근심하는 일이 없도록 하여 주십시오.
한밤중 호수 한가운데에 불어닥치던 풍랑 속에서
두려움에 떨고 있던 제자들을 구해 주시고
'두려워하지 말고, 믿어라.' 하시던 예수님,
아이들 마음에 이는 풍랑을 가라앉혀 주시고
평온함 가운데 최선을 다하게 하소서.
우리 주 예수 그리스도를 통하여 비나이다. 아멘.

### 마침 기도

✚ 지혜의 근원이신 성부께서는 참생명에 이르는 길로 인도하시고,
은총의 샘이신 성자께서는 진리의 말씀을 깨닫게 하시며,
위로의 빛이신 성령께서는 힘과 용기를 북돋아 주시어, 저희로 하여금
언제나 바르고 선한 것만을 배우고 그 배운 바를 실천하게 하소서.
◉ 아멘.

### 마침 성가   가톨릭 성가 221번 '받아 주소서'

# 23일

수험생을 위한 100일 기도 스물세 번째 날을 시작하겠습니다.

## 학생의 본분을 잃지 않게 하소서

### 시작 성가

가톨릭 성가 55번 '착하신 목자'

### 시작 기도

✚ 저희에게 사랑과 기쁨을 허락하시는 주 예수님은 이 세상 모든 부모와 자녀를 통하여 찬미 받으소서.

◉ 하느님, 영원토록 찬미와 영광 받으소서.

**성경 말씀** 신명 30,11-14

"내가 오늘 너희에게 명령하는 이 계명은 너희에게 힘든 것도 아니고 멀리 있는 것도 아니다. 그것은 하늘에 있지도 않다. 그러니 '누가 하늘로 올라가서 그것을 가져다가 우리에게 들려주리오? 그러면 우리가 실천할 터인데.' 하고 말할 필요가 없다. 또 그것은 바다 건너편에 있지도 않다. 그러니 '누가 바다 저쪽으로 건너가서 그것을 가져다가 우리에게 들려주리오? 그러면 우리가 실천할 터인데.' 하고 말할 필요도 없다. 사실 그 말씀은 너희에게 아주 가까이 있다. 너희의 입과 너희의 마음에 있기 때문에, 너희가 그 말씀을 실천할 수 있는 것이다."

### 묵상 기도

잠시 말씀을 묵상한 후, 자녀를 위한 간절한 지향을 담아 침묵 중에 기도합니다. (3~5분)

### 묵주기도  고통의 신비
### 성인 호칭 기도
### 수험생을 위한 기도

✚ 기도합시다.
◉ 고생하며 무거운 짐을 진 이들에게 안식을 주시는 예수님,
오늘 제가 했던 모든 말과 행동, 더불어 드러나지 않았던 마음까지도
당신 앞에 온전히 내려놓습니다.
혼란과 걱정으로 가득 찬 속내를 숨기려
오히려 팔불출처럼 자식 자랑을 하고 짐짓 과장된 몸짓도 보였습니다.
아이들의 참부모이신 주님, 저희가 아이들을 부모로서의 체면을 살리고
자존심을 세우는 수단으로 삼지 않게 하소서.
아이들은 시험이라는 핑계를 대고 공부한다는 이유를 방패 삼아

학생으로서의 본분을 멀리한 채 다른 일들을 소홀히 하지 않게 하소서.
시험이라는 관문을 통해 도달해야 할 진정한 목표를 잊지 않고
머리로 익히는 것을 넘어 배움을 삶으로도 실천하게 하소서.
자신들이 짊어지고 가는 멍에와 짐이 언젠가는 기쁨과 행복으로
바뀌리라는 희망을 안고 묵묵히 걸어갈 수 있도록 손잡아 주십시오.
부모로서 저희는 아이들이 꿈을 이루어 가는 그 길에서
충실하고 따뜻한 협력자가 되게 하소서.
우리 주 예수 그리스도를 통하여 비나이다. 아멘.

### 마침 기도

✚ 지혜의 근원이신 성부께서는 참생명에 이르는 길로 인도하시고,
은총의 샘이신 성자께서는 진리의 말씀을 깨닫게 하시며,
위로의 빛이신 성령께서는 힘과 용기를 북돋아 주시어, 저희로 하여금
언제나 바르고 선한 것만을 배우고 그 배운 바를 실천하게 하소서.
◉ 아멘.

### 마침 성가   가톨릭 성가 406번 '세상에 외치고 싶어'

## 24일

수험생을 위한 100일 기도 스물네 번째 날을 시작하겠습니다.

# 먼저 사랑을 배우게 하소서

**시작 성가**

가톨릭 성가 329번 '미사 시작'

**시작 기도**

✚ 저희에게 사랑과 기쁨을 허락하시는 주 예수님은 이 세상 모든 부모와 자녀를 통하여 찬미 받으소서.
◉ 하느님, 영원토록 찬미와 영광 받으소서.

**성경 말씀** 1요한 4,18-21

사랑에는 두려움이 없습니다. 완전한 사랑은 두려움을 쫓아냅니다. 두려움은 벌과 관련되기 때문입니다. 두려워하는 이는 아직 자기의 사랑을 완성하지 못한 사람입니다. 우리가 사랑하는 것은 그분께서 먼저 우리를 사랑하셨기 때문입니다. 누가 "나는 하느님을 사랑한다." 하면서 자기 형제를 미워하면, 그는 거짓말쟁이입니다. 눈에 보이는 자기 형제를 사랑하지 않는 사람이 보이지 않는 하느님을 사랑할 수는 없습니다. 우리가 그분에게서 받은 계명은 이것입니다. 하느님을 사랑하는 사람은 자기 형제도 사랑해야 한다는 것입니다.

**묵상 기도**

잠시 말씀을 묵상한 후, 자녀를 위한 간절한 지향을 담아 침묵 중에 기도합니다. (3~5분)

**묵주기도  영광의 신비**

**성인 호칭 기도**

**수험생을 위한 기도**

✚ 기도합시다.
◉ 돌처럼 차가운 저희 마음 안에 하느님의 사랑을 부어 주신 성령님,
사랑 없이는 그 무엇도 참되게 이룰 수 없고
사랑 없이 하는 일은 아무 의미도 없습니다.
십자가의 고통과 죽음을 받아들이시고 마침내 부활을 통해
구원을 주시고 사랑의 절정을 보여 주신 예수님,
저희 아이에게도 먼저 사랑하며 사는 법을 가르쳐 주십시오.
아무리 공부를 많이 하고 많은 것을 소유하더라도
사랑이 없으면 아무것도 가지지 못한 삶임을 깨닫게 해 주십시오.

사랑에서 점점 멀어지는 듯한 아이들의 마음을 열어 주시어
자신을 둘러싸고 있는 모든 것 안에서 사랑의 숨결을 느끼게 하소서.
작은 일에도 감사할 줄 알고, 친구의 지친 어깨를 토닥이며
격려의 말을 건넬 줄 아는 사랑의 벗이 되게 하시고
가장 힘겨운 순간에 그 누구보다 가까이 계시는
주님의 사랑을 깨달아 아는 믿음을 주십시오.
부족하나마 부모인 저희를 통해서도 하느님의 사랑을 발견하게 하소서.
우리 주 예수 그리스도를 통하여 비나이다. 아멘.

### 마침 기도

✚ 지혜의 근원이신 성부께서는 참생명에 이르는 길로 인도하시고,
은총의 샘이신 성자께서는 진리의 말씀을 깨닫게 하시며,
위로의 빛이신 성령께서는 힘과 용기를 북돋아 주시어, 저희로 하여금
언제나 바르고 선한 것만을 배우고 그 배운 바를 실천하게 하소서.
◉ 아멘.

### 마침 성가   가톨릭 성가 415번 '사랑이 없으면'

# 25일

수험생을 위한 100일 기도 스물다섯 번째 날을 시작하겠습니다.

## 변함없는 의탁의 마음을 허락하소서

**시작 성가**

가톨릭 성가 205번 '사랑의 성심'

**시작 기도**

✚ 저희에게 사랑과 기쁨을 허락하시는 주 예수님은 이 세상 모든 부모와 자녀를 통하여 찬미 받으소서.

◉ 하느님, 영원토록 찬미와 영광 받으소서.

**성경 말씀** 예레 17,7-11

주님을 신뢰하고 그의 신뢰를 주님께 두는 이는 복되다. 그는 물가에 심긴 나무와 같아 제 뿌리를 시냇가에 뻗어 무더위가 닥쳐와도 두려움 없이 그 잎이 푸르고 가문 해에도 걱정 없이 줄곧 열매를 맺는다. 사람의 마음은 만물보다 더 교활하여 치유될 가망이 없으니 누가 그 마음을 알리오? 내가 바로 마음을 살피고 속을 떠보는 주님이다. 나는 사람마다 제 길에 따라, 제 행실의 결과에 따라 갚는다. 올바르지 못한 방법으로 재산을 모은 자는 제가 낳지도 않은 알을 품는 자고새와 같다. 한창때에 그는 재산을 잃고 끝내는 어리석은 자로 드러나리라.

**묵상 기도**

잠시 말씀을 묵상한 후, 자녀를 위한 간절한 지향을 담아 침묵 중에 기도합니다. (3~5분)

**묵주기도** 환희의 신비
**성인 호칭 기도**
**수험생을 위한 기도**

✚ 기도합시다.
◉ 좋으신 하느님, 이 세상 가장 귀한 선물인 자녀들을 주심에 감사합니다.
저희는 자녀를 통해 하느님께 영광을 드리고 싶습니다.
변함없는 당신의 영원한 사랑이 보잘것없는 저의 빈손을 거쳐
사랑하는 아이들에게 흘러들게 해 주십시오.
돌아보면 삶의 순간들이 선택과 시험의 연속이었지만
그런 순간은 언제나 처음처럼 두렵고 조마조마하기만 합니다.
우리 아이들도 이러한 어려운 순간들을 얼마나 겪어야 하는지
마음 같아선 제가 대신 겪고 싶습니다.

시험을 준비하는 아이와 함께하는 심정으로 기도합니다.
저희의 기도를 통해서 아이가 조금이나마 위안을 받고
따스한 사랑을 느낄 수 있다면 더 바랄 것이 없습니다.
아이를 기억하며 묵주알을 돌리는 시간이면
'두려워하지 마라, 내가 너희와 함께하겠다.'라는 주님의 음성을 듣습니다.
기도하고자 하는 마음의 의지조차 은총임을 아오니
저희에게 변함없는 믿음과 의탁의 마음을 허락하소서.
우리 주 예수 그리스도를 통하여 비나이다. 아멘.

### 마침 기도

✚ 지혜의 근원이신 성부께서는 참생명에 이르는 길로 인도하시고,
은총의 샘이신 성자께서는 진리의 말씀을 깨닫게 하시며,
위로의 빛이신 성령께서는 힘과 용기를 북돋아 주시어, 저희로 하여금
언제나 바르고 선한 것만을 배우고 그 배운 바를 실천하게 하소서.
◉ 아멘.

### 마침 성가   가톨릭 성가 240번 '복되신 마리아'

## 26일 수험생을 위한 100일 기도 스물여섯 번째 날을 시작하겠습니다.

# 날마다 새로운 날 되게 하소서

**시작 성가**

가톨릭 성가 62번 '주님의 뜻을 이루소서'

**시작 기도**

✚ 저희에게 사랑과 기쁨을 허락하시는 주 예수님은 이 세상 모든 부모와 자녀를 통하여 찬미 받으소서.

◉ 하느님, 영원토록 찬미와 영광 받으소서.

**성경 말씀** 2코린 5,16-21

우리가 그리스도를 속된 기준으로 이해하였을지라도 이제는 더 이상 그렇게 이해하지 않습니다. 그래서 누구든지 그리스도 안에 있으면 그는 새로운 피조물입니다. 옛것은 지나갔습니다. 보십시오, 새것이 되었습니다. 이 모든 것은 그리스도를 통하여 우리를 당신과 화해하게 하시고 또 우리에게 화해의 직분을 맡기신 하느님에게서 옵니다. 곧 하느님께서는 그리스도 안에서 세상을 당신과 화해하게 하시면서, 사람들에게 그들의 잘못을 따지지 않으시고 우리에게 화해의 말씀을 맡기셨습니다. 그러므로 우리는 그리스도의 사절입니다. 하느님께서 우리를 통하여 권고하십니다. 우리는 그리스도를 대신하여 여러분에게 빕니다. 하느님과 화해하십시오. 하느님께서는 죄를 모르시는 그리스도를 우리를 위하여 죄로 만드시어, 우리가 그리스도 안에서 하느님의 의로움이 되게 하셨습니다.

**묵상 기도**

잠시 말씀을 묵상한 후, 자녀를 위한 간절한 지향을 담아 침묵 중에 기도합니다. (3~5분)

**묵주기도  빛의 신비**
**성인 호칭 기도**
**수험생을 위한 기도**

✚ 기도합시다.
◉ 날마다 새로운 삶으로 초대해 주시는 하느님,
오늘 하루도 새로운 마음으로 살아가게 해 주십시오.
지금 당장 마주해야 할 상황들이 힘겹고 막막할지라도
저희가 기도 안에서 위로와 사랑을 얻게 해 주시고,
변함없이 새 삶을 주시는 당신의 자비에 감사하게 해 주십시오.
하루하루의 여정이 고달프기만 한 아이들의 마음을 어루만져 주시고
당신께서 함께하시기에 모든 순간이 희망임을 알게 해 주십시오.
세상의 시간 속에서 이루어지는 모든 것들은

거스를 수 없는 흐름 앞에 낡고 빛이 바래기 마련입니다.
하지만 주님께서 주시는 은총의 빛 안에서는
그 무엇도 낡지 않고 늘 새롭게 생기를 뿜어냄을 알고 있습니다.
주님, 저희에게 새롭게 허락하신 오늘 하루를 열심히 살아
충만한 기쁨의 빛을 내게 해 주십시오.
아이들도 묵은 과거에 매이지 않고 현재의 은총을 충실히 살게 하시며
구원자이신 그리스도 예수님의 사랑 안에서 나날이 새로워지게 하소서.
우리 주 예수 그리스도를 통하여 비나이다. 아멘.

### 마침 기도

✠ 지혜의 근원이신 성부께서는 참생명에 이르는 길로 인도하시고,
은총의 샘이신 성자께서는 진리의 말씀을 깨닫게 하시며,
위로의 빛이신 성령께서는 힘과 용기를 북돋아 주시어, 저희로 하여금
언제나 바르고 선한 것만을 배우고 그 배운 바를 실천하게 하소서.
◉ 아멘.

### 마침 성가   가톨릭 성가 1번 '나는 믿나이다'

# 27일

수험생을 위한 100일 기도 스물일곱 번째 날을 시작하겠습니다.

## 올바른 선택을 하게 하소서

**시작 성가**

가톨릭 성가 28번 '불의가 세상을 덮쳐도'

**시작 기도**

✚ 저희에게 사랑과 기쁨을 허락하시는 주 예수님은 이 세상 모든 부모와 자녀를 통하여 찬미 받으소서.

◉ 하느님, 영원토록 찬미와 영광 받으소서.

**성경 말씀** 에페 2,14-17

그리스도는 우리의 평화이십니다. 그분께서는 당신의 몸으로 유다인과 이민족을 하나로 만드시고 이 둘을 가르는 장벽인 적개심을 허무셨습니다. 또 그 모든 계명과 조문과 함께 율법을 폐지하셨습니다. 그렇게 하여 당신 안에서 두 인간을 하나의 새 인간으로 창조하시어 평화를 이룩하시고, 십자가를 통하여 양쪽을 한 몸 안에서 하느님과 화해시키시어, 그 적개심을 당신 안에서 없애셨습니다. 이렇게 그리스도께서는 세상에 오시어, 멀리 있던 여러분에게도 평화를 선포하시고 가까이 있던 이들에게도 평화를 선포하셨습니다.

### 묵상 기도

잠시 말씀을 묵상한 후, 자녀를 위한 간절한 지향을 담아 침묵 중에 기도합니다. (3~5분)

### 묵주기도  고통의 신비
### 성인 호칭 기도
### 수험생을 위한 기도

✚ 기도합시다.
◉ 마지막 순간까지 아버지의 뜻에 순명하신 예수님,
반복되는 근심과 걱정에서 벗어나게 해 달라고 기도하기보다
이 모두를 딛고 일어설 수 있는 힘을 주시기를 청합니다.
요즈음 저는 십자가 위에서 주님께 건네졌던
쓰디쓴 쓸개즙을 떠올리며 기도합니다.
고단한 집안일들과 시험을 앞둔 아이의 뒷바라지까지
마음 졸이며 신경 쓰다 보면 가끔은 도망가고 싶은 심정이 되곤 합니다.
저희에게 생명을 주시고 더불어 자유 의지를 주신 주님.

제가 어떤 처지에서도 올바른 선택을 할 수 있도록 도와주십시오.
걸어야 할 길이라면 다시금 떨쳐 일어나 걷고
딛고 넘어서야 할 장벽이라면 피하지 않을 용기를 주십시오.
저희 앞에 놓인 수많은 선택 앞에서 저희 가정에
평화와 선을 가져오는 사랑을 선택할 수 있는 지혜를 허락하소서.
아이들도 주님의 은총 안에서 올바른 길을 선택하고
자신이 선택한 몫에 최선을 다하게 해 주십시오.
우리 주 예수 그리스도를 통하여 비나이다. 아멘.

### 마침 기도

✚ 지혜의 근원이신 성부께서는 참생명에 이르는 길로 인도하시고,
은총의 샘이신 성자께서는 진리의 말씀을 깨닫게 하시며,
위로의 빛이신 성령께서는 힘과 용기를 북돋아 주시어, 저희로 하여금
언제나 바르고 선한 것만을 배우고 그 배운 바를 실천하게 하소서.
◉ 아멘.

### 마침 성가   가톨릭 성가 2번 '주 하느님 크시도다'

# 28일

수험생을 위한 100일 기도 스물여덟 번째 날을 시작하겠습니다.

## 성숙한 사랑을 베풀게 하소서

**시작 성가**

가톨릭 성가 239번 '거룩한 어머니'

**시작 기도**

✚ 저희에게 사랑과 기쁨을 허락하시는 주 예수님은 이 세상 모든 부모와 자녀를 통하여 찬미 받으소서.

◉ 하느님, 영원토록 찬미와 영광 받으소서.

**성경 말씀**  1코린 13,4-10.13

사랑은 참고 기다립니다. 사랑은 친절합니다. 사랑은 시기하지 않고 뽐내지 않으며 교만하지 않습니다. 사랑은 무례하지 않고 자기 이익을 추구하지 않으며 성을 내지 않고 앙심을 품지 않습니다. 사랑은 불의에 기뻐하지 않고 진실을 두고 함께 기뻐합니다. 사랑은 모든 것을 덮어 주고 모든 것을 믿으며 모든 것을 바라고 모든 것을 견디어 냅니다. 사랑은 언제까지나 스러지지 않습니다. 예언도 없어지고 신령한 언어도 그치고 지식도 없어집니다. 우리는 부분적으로 알고 부분적으로 예언합니다. 그러나 온전한 것이 오면 부분적인 것은 없어집니다. 그러므로 이제 믿음과 희망과 사랑 이 세 가지는 계속됩니다. 그 가운데에서 으뜸은 사랑입니다.

**묵상 기도**

잠시 말씀을 묵상한 후, 자녀를 위한 간절한 지향을 담아 침묵 중에 기도합니다. (3~5분)

**묵주기도**  영광의 신비

**성인 호칭 기도**

**수험생을 위한 기도**

✚ 기도합시다.
◉ 주님, 제가 부모가 되고 보니
어렸을 적 부모님께 했던 불효들이 선명하게 떠올라
부끄러움과 후회로 가슴을 치게 됩니다.
세상 물정 모르던 철부지가 잘나고 똑똑한 줄 알고 거침없이 내뱉었던
무수히 많은 말과 완강한 거부와 반항의 몸짓까지
부모님의 마음에 셀 수 없는 상처를 드렸는데,
지금은 제가 그 가슴앓이와 상처를 그대로 겪는 듯합니다.
사랑은 끝없이 용서하고, 화해하는 용기이며

모든 것을 참고, 악을 선으로 보답하는 것이라 하신
주님의 가르침을 곱씹으며 성숙한 사랑의 길로 가게 해 주십시오.
아무리 좋은 결과를 내더라도 함께했던 여정 안에 사랑이 없다면
진정 소중한 가치와 의미가 빠진 껍데기에 불과합니다.
주님, 부모라고 당당히 말하기엔 턱없이 부족함을 알면서도
감히 청하오니 아이를 진정으로 존중하며
어떤 순간에도 사랑으로 끌어안게 해 주십시오.
우리 주 예수 그리스도를 통하여 비나이다. 아멘.

### 마침 기도

✚ 지혜의 근원이신 성부께서는 참생명에 이르는 길로 인도하시고,
은총의 샘이신 성자께서는 진리의 말씀을 깨닫게 하시며,
위로의 빛이신 성령께서는 힘과 용기를 북돋아 주시어, 저희로 하여금
언제나 바르고 선한 것만을 배우고 그 배운 바를 실천하게 하소서.
◉ 아멘.

### 마침 성가  가톨릭 성가 247번 '애덕의 모여'

# 29일

수험생을 위한 100일 기도 스물아홉 번째 날을 시작하겠습니다.

## 인내의 열매를 맺게 하소서

**시작 성가**

가톨릭 성가 19번 '주를 따르리'

**시작 기도**

✠ 저희에게 사랑과 기쁨을 허락하시는 주 예수님은 이 세상 모든 부모와 자녀를 통하여 찬미 받으소서.

◉ 하느님, 영원토록 찬미와 영광 받으소서.

**성경 말씀** 로마 5,1-5

믿음으로 의롭게 된 우리는 우리 주 예수 그리스도를 통하여 하느님과 더불어 평화를 누립니다. 믿음 덕분에, 우리는 그리스도를 통하여 우리가 서 있는 이 은총 속으로 들어올 수 있게 되었습니다. 그리고 하느님의 영광에 참여하리라는 희망을 자랑으로 여깁니다. 그뿐만 아니라 우리는 환난도 자랑으로 여깁니다. 우리가 알고 있듯이, 환난은 인내를 자아내고 인내는 수양을, 수양은 희망을 자아냅니다. 그리고 희망은 우리를 부끄럽게 하지 않습니다. 우리가 받은 성령을 통하여 하느님의 사랑이 우리 마음에 부어졌기 때문입니다.

### 묵상 기도
잠시 말씀을 묵상한 후, 자녀를 위한 간절한 지향을 담아 침묵 중에 기도합니다. (3~5분)

### 묵주기도  환희의 신비
### 성인 호칭 기도
### 수험생을 위한 기도

✚ 기도합시다.
◉ 인내의 고결한 가치를 삶으로 보여 주신 예수님,
주님 앞에서 고통의 참의미를 발견하고
인내로이 참아 받는 법을 배우게 하소서.
달려야 할 길이라면 포기하지 않고 달릴 수 있는 힘을 주시고
시련을 견디어 내며 인내로 희망을 얻게 하소서.
함부로 화를 내지 않으며 먼저 자기의 마음을
다스리는 사람이 되게 하여 주십시오.
자녀에게 부모로서 관대한 사랑을 보여 주게 하시고

겸손과 온유 안에서 나날이 그 사랑이 깊어지게 해 주십시오.
믿음 안에서 사랑이 성장하고, 인내를 통해 사랑이 열매 맺을 수 있음을
알게 하시어 마침내 충만한 기쁨을 맛보게 해 주십시오.
그러기에 힘겹게 내딛는 여정 중에 내쉬는 작은 한숨마저도
주님을 향한 의탁의 기도이길 청합니다.
주님, 저희 각자에게 주어진 시련을 통해
삶의 참된 가치를 발견하게 하소서.
우리 주 예수 그리스도를 통하여 비나이다. 아멘.

### 마침 기도

✚ 지혜의 근원이신 성부께서는 참생명에 이르는 길로 인도하시고,
은총의 샘이신 성자께서는 진리의 말씀을 깨닫게 하시며,
위로의 빛이신 성령께서는 힘과 용기를 북돋아 주시어, 저희로 하여금
언제나 바르고 선한 것만을 배우고 그 배운 바를 실천하게 하소서.
◉ 아멘.

### 마침 성가  가톨릭 성가 201번 '은총의 샘'

# 30일 수험생을 위한 100일 기도 서른 번째 날을 시작하겠습니다.

## 제 삶이 먼저 모범이 되게 하소서

**시작 성가**

가톨릭 성가 241번 '바다의 별이신 성모'

**시작 기도**

✚ 저희에게 사랑과 기쁨을 허락하시는 주 예수님은 이 세상 모든 부모와 자녀를 통하여 찬미 받으소서.

◉ 하느님, 영원토록 찬미와 영광 받으소서.

**성경 말씀** 말라 3,16-18

그때에 주님을 경외하는 이들이 서로 말하였다. 주님이 주의를 기울여 들었다. 그리고 주님을 경외하며 그의 이름을 존중하는 이들이 주님 앞에서 비망록에 쓰여졌다. 그들은 나의 것이 되리라. ― 만군의 주님께서 말씀하신다. ― 내가 나서는 날에 그들은 나의 소유가 되리라. 부모가 자기들을 섬기는 자식을 아끼듯 나도 그들을 아끼리라. 그러면 너희는 다시 의인과 악인을 가리고 하느님을 섬기는 이와 섬기지 않는 자를 가릴 수 있으리라.

**묵상 기도**

잠시 말씀을 묵상한 후, 자녀를 위한 간절한 지향을 담아 침묵 중에 기도합니다. (3~5분)

**묵주기도** 빛의 신비

**성인 호칭 기도**

**수험생을 위한 기도**

✚ 기도합시다.
◉ 지친 이의 기운을 북돋아 주시는 하느님,
오늘만큼은 간절히 주님께 위로와 격려를 받고 싶습니다.
부모로서의 책임감으로 어렵게 꺼낸 충고의 말을
아이들이 잔소리로만 받아들이고 거부할 때면
서운함을 넘어 마음 한구석이 쓰라려 옵니다.
불쑥불쑥 터지는 아이의 짜증과 불만 앞에서 당황하기 일쑤입니다.
주님, 아이의 깊은 속내와 힘듦을 온전히 이해해 주지 못하는
저희의 부족함과 완고한 마음을 당신께 드립니다.

아이와 함께 겪는 크고 작은 삐걱거림들이 그 누구보다
부모인 저희에게 책임이 있음을 알게 해 주십시오.
아이들이 부모의 기대에 맞춰 주길 바라는 이기적인 욕심을 버리고
신앙 안에 성숙한 삶으로 저희가 먼저 모범이 되게 하소서.
아이들의 마음이 되어, 입장이 되어 한 번 더 헤아려 보게 하시고
충고하고 가르치려 하기보다 먼저 아이들의 말에 귀 기울이게 해 주십시오.
주님의 사랑을 부모를 통해 온몸과 마음으로 충만히 느끼게 하여 주십시오.
우리 주 예수 그리스도를 통하여 비나이다. 아멘.

### 마침 기도

✚ 지혜의 근원이신 성부께서는 참생명에 이르는 길로 인도하시고,
은총의 샘이신 성자께서는 진리의 말씀을 깨닫게 하시며,
위로의 빛이신 성령께서는 힘과 용기를 북돋아 주시어, 저희로 하여금
언제나 바르고 선한 것만을 배우고 그 배운 바를 실천하게 하소서.
◉ 아멘.

### 마침 성가  가톨릭 성가 153번 '오소서 주 예수여'

# 4 마당

## 가정에는 평화를, 마음에는 위로를 주시는 주님은 찬미 받으소서

# 31일

수험생을 위한 100일 기도 서른한 번째 날을 시작하겠습니다.

## 포기하지 않게 하소서

**시작 성가**

가톨릭 성가 452번 '위험에 빠진 자에게'

**시작 기도**

✚ 가정에는 평화를, 마음에는 위로를 주시는 주님은 찬미 받으소서.
◉ 하느님, 영원토록 찬미와 영광 받으소서.

**성경 말씀**  2코린 4,7-13

우리는 이 보물을 질그릇 속에 지니고 있습니다. 그 엄청난 힘은 하느님의 것으로, 우리에게서 나오는 힘이 아님을 보여 주시려는 것입니다. 우리는 온갖 환난을 겪어도 억눌리지 않고, 난관에 부딪혀도 절망하지 않으며, 박해를 받아도 버림받지 않고, 맞아 쓰러져도 멸망하지 않습니다. 우리는 언제나 예수님의 죽음을 몸에 짊어지고 다닙니다. 우리 몸에서 예수님의 생명도 드러나게 하려는 것입니다. 우리는 살아 있으면서도 늘 예수님 때문에 죽음에 넘겨집니다. 우리의 죽을 육신에서 예수님의 생명도 드러나게 하려는 것입니다. 그리하여 우리에게서는 죽음이 약동하고 여러분에게서는 생명이 약동합니다. "나는 믿었다. 그러므로 말하였다."고 성경에 기록되어 있습니다. 이와 똑같은 믿음의 영을 우리도 지니고 있으므로 "우리는 믿습니다. 그러므로 말합니다."

### 묵상 기도

잠시 말씀을 묵상한 후, 자녀를 위한 간절한 지향을 담아 침묵 중에 기도합니다. (3~5분)

### 묵주기도  고통의 신비
### 성인 호칭 기도
### 수험생을 위한 기도

✚ 기도합시다.
◉ 주님, 살다 보면 저희 스스로에게 한계를 느낄 때가 많고
자신에 대해 실망할 때도 많습니다.
십자가를 지고 가시다가 세 번이나 넘어지신 주님은
실의에 빠진 저희를 다시 일으켜 세우는 힘이 되어 주십니다.
주님, 가난하고 굶주리고 슬퍼하고 욕을 먹고 누명을 쓰면 행복하다는
당신의 말씀은 이해하기가 참 힘듭니다.
아이들이 혹시 시험에 실패해서
좌절하고 슬퍼하지나 않을까 하는 생각에 다다르면

그 말씀은 현실적으로 더욱더 받아들이기가 어려워집니다.
주님, 저희 아이들이 힘겹고 어렵더라도 포기하지 않게 하소서.
거듭되는 실패로 모든 것을 놓아 버리고 싶어질 때에도
주님께서 약속하신 참행복을 기억하며
늘 새롭게 시작할 수 있게 하시고,
그 시작 안에서 주님께서 준비하신 희망을 보게 하소서.
우리 주 예수 그리스도를 통하여 비나이다. 아멘.

### 마침 기도

✚ 지혜의 근원이신 성부께서는 참생명에 이르는 길로 인도하시고,
은총의 샘이신 성자께서는 진리의 말씀을 깨닫게 하시며,
위로의 빛이신 성령께서는 힘과 용기를 북돋아 주시어, 저희로 하여금
언제나 바르고 선한 것만을 배우고 그 배운 바를 실천하게 하소서.
◉ 아멘.

### 마침 성가  가톨릭 성가 70번 '평화를 구하는 기도'

# 32일 수험생을 위한 100일 기도 서른두 번째 날을 시작하겠습니다.

## 분심과 잡념을 다스리게 하소서

**시작 성가**

가톨릭 성가 151번 '주여 임하소서'

**시작 기도**

✚ 가정에는 평화를, 마음에는 위로를 주시는 주님은 찬미 받으소서.
◉ 하느님, 영원토록 찬미와 영광 받으소서.

**성경 말씀** 필리 3,12-16

나는 이미 그것을 얻은 것도 아니고 목적지에 다다른 것도 아닙니다. 그것을 차지하려고 달려갈 따름입니다. 그리스도 예수님께서 이미 나를 당신 것으로 차지하셨기 때문입니다. 형제 여러분, 나는 이미 그것을 차지하였다고 여기지 않습니다. 그러나 이 한 가지는 분명합니다. 나는 내 뒤에 있는 것을 잊어버리고 앞에 있는 것을 향하여 내달리고 있습니다. 하느님께서 그리스도 예수님 안에서 우리를 하늘로 부르시어 주시는 상을 얻으려고, 그 목표를 향하여 달려가고 있는 것입니다. 성숙한 사람인 우리는 모두 이러한 생각을 지닙시다. 혹시 여러분이 무엇인가 달리 생각한다면, 그것도 하느님께서 여러분에게 계시해 주실 것입니다. 아무튼 우리가 어디에 이르렀든 같은 길로 나아갑시다.

**묵상 기도**

잠시 말씀을 묵상한 후, 자녀를 위한 간절한 지향을 담아 침묵 중에 기도합니다. (3~5분)

**묵주기도  영광의 신비**

**성인 호칭 기도**

**수험생을 위한 기도**

✚ 기도합시다.
◉ 저희의 매 순간을 이끌어 주시는 주님,
아이들이 수시로 찾아드는 근심에 시달리며
힘들어 하는 모습을 자주 보게 됩니다.
그 모든 게 얼마 남지 않은 시험에 대한 걱정과
불확실한 미래에 대한 불안에서 비롯된 것이기도 합니다.
이 모든 걱정과 두려움, 불안한 마음까지 주님께 봉헌하오니
아이들에게 분심과 잡념을 다스릴 힘과 슬기를 주시어
지금 자신의 몫에 최선을 다할 수 있게 하소서.

주님, 오직 당신의 목소리에 귀 기울이며
침묵하고 고요히 기도하게 하소서.
지금도 저희 곁에서 말씀하고 계신 주님의 음성을 듣고
그 말씀 그대로 살아가게 하소서.
쓸모없어 보이는 것들에서도 아름다운 것을 정제해 내시는 주님,
아이들이 노력하는 이 시간들이
먼 훗날 보석 같은 소중한 날이 되도록 도와주소서.
우리 주 예수 그리스도를 통하여 비나이다. 아멘.

### 마침 기도

✚ 지혜의 근원이신 성부께서는 참생명에 이르는 길로 인도하시고,
은총의 샘이신 성자께서는 진리의 말씀을 깨닫게 하시며,
위로의 빛이신 성령께서는 힘과 용기를 북돋아 주시어, 저희로 하여금
언제나 바르고 선한 것만을 배우고 그 배운 바를 실천하게 하소서.
◉ 아멘.

### 마침 성가  가톨릭 성가 426번 '주님의 집에 가자 할 때'

# 33일

수험생을 위한 100일 기도 서른세 번째 날을 시작하겠습니다.

## 주님의 잣대로 아이들을 바라보게 하소서

### 시작 성가

가톨릭 성가 12번 '주님을 기리나이다'

### 시작 기도

✚ 가정에는 평화를, 마음에는 위로를 주시는 주님은 찬미 받으소서.
◉ 하느님, 영원토록 찬미와 영광 받으소서.

**성경 말씀** 이사 40,27-31

야곱아, 네가 어찌 이런 말을 하느냐? 이스라엘아, 네가 어찌 이렇게 이야기하느냐? "나의 길은 주님께 숨겨져 있고 나의 권리는 나의 하느님께서 못 보신 채 없어져 버린다." 너는 알지 않느냐? 너는 듣지 않았느냐? 주님은 영원하신 하느님 땅 끝까지 창조하신 분이시다. 그분께서는 피곤한 줄도 지칠 줄도 모르시고 그분의 슬기는 헤아릴 길이 없다. 그분께서는 피곤한 이에게 힘을 주시고 기운이 없는 이에게 기력을 북돋아 주신다. 젊은이들도 피곤하여 지치고 청년들도 비틀거리기 마련이지만 주님께 바라는 이들은 새 힘을 얻고 독수리처럼 날개 치며 올라간다. 그들은 뛰어도 지칠 줄 모르고 걸어도 피곤한 줄 모른다.

**묵상 기도**

잠시 말씀을 묵상한 후, 자녀를 위한 간절한 지향을 담아 침묵 중에 기도합니다. (3~5분)

**묵주기도 환희의 신비**
**성인 호칭 기도**
**수험생을 위한 기도**

✚ 기도합시다.
◉ 누구에게나 공정하신 주 하느님, 감사합니다!
저희는 제 안에 있는 잣대로 무엇이든 마음대로 재단하고 저울질합니다.
아이들을 평가하고 판단할 때면 여지없이 이 잣대를 들이댑니다.
성적이 우수한 옆집 아이와 비교하며 부담을 주고
심지어 다른 형제자매와 비교하며 아이의 수준과 태도를 비난합니다.
아이의 입장과 마음은 전혀 헤아리지 않고
무조건 '공부'하라고만 야단을 칩니다.
따뜻한 격려의 말로 용기를 주기보다

감정 섞인 거친 말로 오히려 의욕을 떨어뜨리고
다 포기하라고 화를 내기도 합니다.
주님, 제 잣대가 아닌 주님의 잣대로 아이들을 바라보게 하소서.
진정한 평화를 주시는 당신의 마음을 닮아
아이 편에서 모든 것을 보고 식별할 수 있도록 도와주십시오.
또한 제 잘못된 판단으로 생긴 아이들의 마음속 상처를 치유해 주시고
주님 안에서 몸도 마음도 편히 쉬게 하소서.
우리 주 예수 그리스도를 통하여 비나이다. 아멘.

### 마침 기도

✚ 지혜의 근원이신 성부께서는 참생명에 이르는 길로 인도하시고,
은총의 샘이신 성자께서는 진리의 말씀을 깨닫게 하시며,
위로의 빛이신 성령께서는 힘과 용기를 북돋아 주시어, 저희로 하여금
언제나 바르고 선한 것만을 배우고 그 배운 바를 실천하게 하소서.
◉ 아멘.

### 마침 성가   가톨릭 성가 431번 '찬미의 송가'

# 34일

수험생을 위한 100일 기도 서른네 번째 날을 시작하겠습니다.

## 영혼과 육신의 건강을 허락하소서

### 시작 성가

가톨릭 성가 29번 '주 예수 따르기로'

### 시작 기도

✚ 가정에는 평화를, 마음에는 위로를 주시는 주님은 찬미 받으소서.
◉ 하느님, 영원토록 찬미와 영광 받으소서.

**성경 말씀** 집회 18,25-33

배부를 때에는 굶주릴 때를, 부유한 시절에는 가난과 궁핍을 생각하여라. 아침부터 저녁까지 시간은 흐르고 주님 앞에서 만물은 금세 지나간다. 지혜로운 사람은 모든 면에서 용의주도하다. 죄악의 날들에도 그는 악행을 조심하리라. 지각 있는 이는 누구나 지혜를 알고 그것을 찾은 이에게 찬사를 보낸다. 지각 있게 말하는 이들은 스스로 지혜로워지고 적절한 격언들을 쏟아 놓는다. 유일하신 주님께 의지하는 것은 죽은 마음으로 죽은 자에게 매달리는 것보다 낫다. 네 욕망을 따르지 말고 욕심을 절제하여라. 네 영혼이 욕망을 채우도록 내버려 두면 너는 원수들의 놀림감이 되리라. 온갖 사치로 흥청거리지 마라. 그 비용으로 궁핍해질까 두렵다. 네 지갑 속에 아무것도 없으면서 꾼 돈으로 잔치를 벌이다 거지가 되지 마라. 그것은 사실 자신의 생명을 거스르는 행동이다.

**묵상 기도**

잠시 말씀을 묵상한 후, 자녀를 위한 간절한 지향을 담아 침묵 중에 기도합니다. (3~5분)

**묵주기도  빛의 신비**

**성인 호칭 기도**

**수험생을 위한 기도**

✚ 기도합시다.
◉ 주님, 돌아보면 모든 삶이 주님의 은총이었습니다.
저희를 키워 주신 부모님처럼 인생의 순간순간마다
주님은 저희와 함께해 주셨습니다.
제 잘난 멋에 사느라 절벽처럼 아슬아슬한 길을 걷기도 했고,
한치 앞이 보이지 않는 깜깜한 밤길을 헤매기도 하였습니다.
몸과 마음에 병이 떠나지 않는 날도 있었습니다.
주님, 그럴 때마다 당신이 손을 꼭 붙들어 주셨음에도
저희는 허황된 꿈을 좇거나 세상 즐거움에 빠져들곤 했습니다.

작은 시련 앞에서도 주님이 함께 계심을 의심하며 투정을 부렸습니다.
점쟁이를 찾아다니며 헛된 위로를 구하기도 했습니다.
제 편리한 대로 주님을 원망했고, 제 잘못을 남의 탓으로 돌리기도 했습니다.
이런 것들이 자신의 영육을 상하게 한다는 것을 미처 몰랐습니다.
주님, 시험을 앞둔 아이들의 몸과 마음에 건강을 지켜 주시기를 청합니다.
혹여 넘어지고 쓰러지는 아픔이 있더라도
그로 인해 십자가에 못 박히신 예수님의 고통을 헤아릴 줄 알게 하소서.
우리 주 예수 그리스도를 통하여 비나이다. 아멘.

### 마침 기도

✚ 지혜의 근원이신 성부께서는 참생명에 이르는 길로 인도하시고,
은총의 샘이신 성자께서는 진리의 말씀을 깨닫게 하시며,
위로의 빛이신 성령께서는 힘과 용기를 북돋아 주시어, 저희로 하여금
언제나 바르고 선한 것만을 배우고 그 배운 바를 실천하게 하소서.
◉ 아멘.

### 마침 성가   가톨릭 성가 123번 '십자가 지고 가시는'

# 35일

수험생을 위한 100일 기도 서른다섯 번째 날을 시작하겠습니다.

## 인내의 열매를 맺게 하소서

**시작 성가**

가톨릭 성가 30번 '승리의 십자가'

**시작 기도**

✚ 가정에는 평화를, 마음에는 위로를 주시는 주님은 찬미 받으소서.
◉ 하느님, 영원토록 찬미와 영광 받으소서.

**성경 말씀** 시편 23,1-6

주님은 나의 목자, 나는 아쉬울 것 없어라. 푸른 풀밭에 나를 쉬게 하시고 잔잔한 물가로 나를 이끄시어 내 영혼에 생기를 돋우어 주시고 바른길로 나를 끌어 주시니 당신의 이름 때문이어라. 제가 비록 어둠의 골짜기를 간다 하여도 재앙을 두려워하지 않으리니 당신께서 저와 함께 계시기 때문입니다. 당신의 막대와 지팡이가 저에게 위안을 줍니다. 당신께서 저의 원수들 앞에서 저에게 상을 차려 주시고 제 머리에 향유를 발라 주시니 저의 술잔도 가득합니다. 저의 한평생 모든 날에 호의와 자애만이 저를 따르리니 저는 일생토록 주님의 집에 사오리다.

### 묵상 기도

잠시 말씀을 묵상한 후, 자녀를 위한 간절한 지향을 담아 침묵 중에 기도합니다. (3~5분)

### 묵주기도 고통의 신비
### 성인 호칭 기도
### 수험생을 위한 기도

✚ 기도합시다.
◉ 주님, 저희 앞에 놓인 길을 따라 나름대로 열심히 걸어왔습니다.
세상에는 쉬운 일보다 어렵고 힘든 일이 더 많은 듯합니다.
잘 닦인 고속도로 위를 달리듯 막힘 없이 질주한 날보다
울퉁불퉁 돌길을 걸을 때가 더 많았습니다.
하지만 힘에 부치고 고단한 여정을 견디어 오면서
시련을 통해 단련된 인내는
희망이라는 귀한 꽃을 피운다는 것을 알게 되었습니다.
용광로 속 뜨거운 불에 달구어진 쇠가 더 단단해지듯 말입니다.

주님, 시험을 준비하는 저희 아이들이
크고 작은 산을 한 고비 한 고비 넘기면서 인내를 배우게 하소서.
먼 훗날, 이러한 인내가 값진 열매를 맺게 하는 밑거름이었음을 알게 하시고
마지막까지 최선을 다할 수 있도록 힘을 주소서.
부족한 저희의 됨됨이를 알고 계시면서도
사랑으로 받아 주시는 당신처럼
온유함과 따뜻함으로 아이들에게 다가가게 해 주소서.
우리 주 예수 그리스도를 통하여 비나이다. 아멘.

### 마침 기도

✚ 지혜의 근원이신 성부께서는 참생명에 이르는 길로 인도하시고,
은총의 샘이신 성자께서는 진리의 말씀을 깨닫게 하시며,
위로의 빛이신 성령께서는 힘과 용기를 북돋아 주시어, 저희로 하여금
언제나 바르고 선한 것만을 배우고 그 배운 바를 실천하게 하소서.
◉ 아멘.

### 마침 성가  가톨릭 성가 417번 '주여 영광과 찬미를'

# 36일

수험생을 위한 100일 기도 서른여섯 번째 날을 시작하겠습니다.

## 지혜를 더해 주소서

### 시작 성가

가톨릭 성가 35번 '나는 포도나무요'

### 시작 기도

✚ 가정에는 평화를, 마음에는 위로를 주시는 주님은 찬미 받으소서.
◉ 하느님, 영원토록 찬미와 영광 받으소서.

**성경 말씀** 집회 30,2-8

제 자식을 올바로 교육하는 이는 그로 말미암아 덕을 보고 친지들 가운데에서 그를 자랑으로 삼으리라. 제 자식을 잘 가르치는 이는 적대자의 부러움을 사고 친구들 가운데에서 그로 말미암아 기쁨을 누리리라. 이런 자식의 아버지는 죽어도 죽지 않는 것과 같으니 자기 뒤에 자신을 닮은 사람을 남겨 놓기 때문이다. 그는 사는 동안에 자식을 보며 기뻐하고 죽을 때에도 슬퍼하지 않는다. 그는 원수들에게 복수해 줄 사람과 친구들에게 호의를 갚아 줄 사람을 남겨 놓았다. 자식의 응석을 받는 자는 상처를 싸매고 자식이 큰 소리로 울 때마다 가슴앓이를 하리라. 길들이지 않은 말은 거칠어지고 제멋대로 하게 버려둔 자식은 고집쟁이가 된다.

**묵상 기도**

잠시 말씀을 묵상한 후, 자녀를 위한 간절한 지향을 담아 침묵 중에 기도합니다. (3~5분)

**묵주기도** 영광의 신비
**성인 호칭 기도**
**수험생을 위한 기도**

✚ 기도합시다.
◉ 지혜로 우리를 가르치고 일깨워 주시는 하느님,
성령의 선물인 슬기와 지식과 통달을 주시어
주님을 비추는 거울로서 신앙인의 소명을 살아가게 하소서.
걱정스럽고 안타까운 마음을 주님께 열어 드리오니,
당신의 뜻 안에서 바른 길을 찾을 수 있도록 지혜를 허락하소서.
저희가 아이들을 가르칠 때에 인간적인 지식이 아니라
당신의 지혜로 지도할 수 있게 하소서.
저희의 생각과 판단으로

아이들의 문제를 해결해 주고자 애쓰기보다
아이들 스스로 답을 찾아갈 수 있도록
조용히 기다려 주는 것이 더 큰 지혜임을 기억하게 하소서.
주님, 우리 아이들에게도 지혜의 영을 내려 주십시오.
점점 다가오는 시험에 대한 압박감 속에서도
바른 선택을 할 수 있는 혜안을 주시어
언제나 당신 앞에 부끄럽지 않게 설 수 있는 자녀 되게 하소서.
우리 주 예수 그리스도를 통하여 비나이다. 아멘.

### 마침 기도

✚ 지혜의 근원이신 성부께서는 참생명에 이르는 길로 인도하시고,
은총의 샘이신 성자께서는 진리의 말씀을 깨닫게 하시며,
위로의 빛이신 성령께서는 힘과 용기를 북돋아 주시어, 저희로 하여금
언제나 바르고 선한 것만을 배우고 그 배운 바를 실천하게 하소서.
◉ 아멘.

### 마침 성가  가톨릭 성가 403번 '가난한 자입니다'

# 37일

수험생을 위한 100일 기도 서른일곱 번째 날을 시작하겠습니다.

## 주님의 뜻을 이루게 하소서

**시작 성가**

가톨릭 성가 480번 '믿음으로'

**시작 기도**

✚ 가정에는 평화를, 마음에는 위로를 주시는 주님은 찬미 받으소서.
◉ 하느님, 영원토록 찬미와 영광 받으소서.

**성경 말씀** 히브 11,1-5

믿음은 우리가 바라는 것들의 보증이며 보이지 않는 실체들의 확증입니다. 사실 옛사람들은 믿음으로 인정을 받았습니다. 믿음으로써, 우리는 세상이 하느님의 말씀으로 마련되었음을, 따라서 보이는 것이 보이지 않는 것에서 나왔음을 깨닫습니다. 믿음으로써, 아벨은 카인보다 나은 제물을 하느님께 바쳤습니다. 믿음 덕분에 아벨은 의인으로 인정받고, 하느님께서는 그의 예물을 인정해 주셨습니다. 그는 죽었지만 믿음 덕분에 여전히 말을 하고 있습니다. 믿음으로써, 에녹은 하늘로 들어 올려져 죽음을 겪지 않았습니다. "하느님께서 그를 하늘로 들어 올리셨기 때문에, 아무도 그를 더 이상 볼 수가 없었습니다." 그는 하늘로 들어 올려지기 전에 "하느님의 마음에 들었다."고 인정을 받았습니다.

**묵상 기도**

잠시 말씀을 묵상한 후, 자녀를 위한 간절한 지향을 담아 침묵 중에 기도합니다. (3~5분)

**묵주기도  환희의 신비**

**성인 호칭 기도**

**수험생을 위한 기도**

✚ 기도합시다.
◉ 사랑의 주님, 베풀어 주신 은혜에 감사와 찬미를 드립니다.
부족함은 채워 주시고 지나칠 땐 멈추게 하시고
힘겨워 헤맬 땐 손을 잡아 이끌어 주시니
저희는 주님의 사랑으로 온 생을 살아갑니다.
하지만 주님을 잊어버리기 일쑤였고 주님께 의탁하기보다
제 방식대로 생각하고 결정하는 생활이었음을 고백합니다.
필요할 때만 당신을 찾는 어리석은 저희를 여전히 사랑하시는 주님,
기도할 시간이 없다거나 기도할 줄 모른다고

핑계 대지 않게 하소서.
주님의 말씀을 늘 가까이하고 기도하는 가운데
주님을 알게 하소서.
저희 마음과 영혼의 빛이신 성령님,
저희의 뜻을 이루어 달라고 청하기보다
오롯이 주님의 뜻이 이루어지기를 바라게 하소서.
끈기와 인내를 갖고 기도할 수 있는 은총을 주소서.
우리 주 예수 그리스도를 통하여 비나이다. 아멘.

### 마침 기도

✚ 지혜의 근원이신 성부께서는 참생명에 이르는 길로 인도하시고,
은총의 샘이신 성자께서는 진리의 말씀을 깨닫게 하시며,
위로의 빛이신 성령께서는 힘과 용기를 북돋아 주시어, 저희로 하여금
언제나 바르고 선한 것만을 배우고 그 배운 바를 실천하게 하소서.
◉ 아멘.

### 마침 성가   가톨릭 성가 142번 '오소서 성령이여'

# 38일

수험생을 위한 100일 기도 서른여덟 번째 날을 시작하겠습니다.

## 부족함 안에서 주님을 발견하게 하소서

### 시작 성가

가톨릭 성가 495번 '성령이여 햇살같이'

### 시작 기도

✚ 가정에는 평화를, 마음에는 위로를 주시는 주님은 찬미 받으소서.
◉ 하느님, 영원토록 찬미와 영광 받으소서.

**성경 말씀** 2코린 12,7-10

그 계시들이 엄청난 것이기에 더욱 그렇습니다. 그래서 내가 자만하지 않도록 하느님께서 내 몸에 가시를 주셨습니다. 그것은 사탄의 하수인으로, 나를 줄곧 찔러 대 내가 자만하지 못하게 하시려는 것이었습니다. 이 일과 관련하여, 나는 그것이 나에게서 떠나게 해 주십사고 주님께 세 번이나 청하였습니다. 그러나 주님께서는, "너는 내 은총을 넉넉히 받았다. 나의 힘은 약한 데에서 완전히 드러난다." 하고 말씀하셨습니다. 그렇기 때문에 나는 그리스도의 힘이 나에게 머무를 수 있도록 더없이 기쁘게 나의 약점을 자랑하렵니다. 나는 그리스도를 위해서라면 약함도 모욕도 재난도 박해도 역경도 달갑게 여깁니다. 내가 약할 때에 오히려 강하기 때문입니다.

### 묵상 기도

잠시 말씀을 묵상한 후, 자녀를 위한 간절한 지향을 담아 침묵 중에 기도합니다. (3~5분)

### 묵주기도  빛의 신비
### 성인 호칭 기도
### 수험생을 위한 기도

✚ 기도합시다.
◉ 저희를 완전함의 길로 이끄시는 주님,
저희가 부족함 속에서도
매 순간 완전함을 지향할 수 있게 해 주심에 감사드립니다.
주님, 아이들은 지금 두려움과 열등감에 빠져 있습니다.
생각만큼 나오지 않는 성적과
좀처럼 사그라들지 않는 미래에 대한 불안감이
점점 자신감을 빼앗고 스스로 부족하다고 생각하게 만듭니다.
아이들이 자신의 부족함 때문에 힘들어 하기보다

그 부족함을 오히려 당신께 의탁하는 발판으로 삼게 하소서.
주어진 능력 안에서 최선을 다하고
늘 부족한 저희와 함께하시는 주님께 믿음을 두게 하소서.
시험이라는 관문 앞에서 두려워하는 아이들에게
용기와 희망을 주는 부모가 되게 하시고,
주님께서 그러하시듯
아이들의 부족함까지도 보듬어 안게 하소서.
우리 주 예수 그리스도를 통하여 비나이다. 아멘.

## 마침 기도

✚ 지혜의 근원이신 성부께서는 참생명에 이르는 길로 인도하시고,
은총의 샘이신 성자께서는 진리의 말씀을 깨닫게 하시며,
위로의 빛이신 성령께서는 힘과 용기를 북돋아 주시어, 저희로 하여금
언제나 바르고 선한 것만을 배우고 그 배운 바를 실천하게 하소서.
◉ 아멘.

## 마침 성가  가톨릭 성가 62번 '주님의 뜻을 이루소서'

## 39일

수험생을 위한 100일 기도 서른아홉 번째 날을 시작하겠습니다.

## 유혹에 빠지지 않게 하소서

**시작 성가**

가톨릭 성가 28번 '불의가 세상을 덮쳐도'

**시작 기도**

✚ 가정에는 평화를, 마음에는 위로를 주시는 주님은 찬미 받으소서.
◉ 하느님, 영원토록 찬미와 영광 받으소서.

**성경 말씀** 야고 1,2-8

나의 형제 여러분, 갖가지 시련에 빠지게 되면 그것을 다시없는 기쁨으로 여기십시오. 여러분도 알고 있듯이, 여러분의 믿음이 시험을 받으면 인내가 생겨납니다. 그 인내가 완전한 효력을 내도록 하십시오. 그리하면 모든 면에서 모자람 없이 완전하고 온전한 사람이 될 것입니다. 여러분 가운데에 누구든지 지혜가 모자라면 하느님께 청하십시오. 하느님은 모든 사람에게 너그럽게 베푸시고 나무라지 않으시는 분이십니다. 그러면 받을 것입니다. 그러나 결코 의심하는 일 없이 믿음을 가지고 청해야 합니다. 의심하는 사람은 바람에 밀려 출렁이는 바다 물결과 같습니다. 그러한 사람은 주님에게서 아무것도 받을 생각을 말아야 합니다. 그는 두 마음을 품은 사람으로 어떠한 길을 걷든 안정을 찾지 못합니다.

### 묵상 기도

잠시 말씀을 묵상한 후, 자녀를 위한 간절한 지향을 담아 침묵 중에 기도합니다. (3~5분)

### 묵주기도   고통의 신비
### 성인 호칭 기도
### 수험생을 위한 기도

✚ 기도합시다.
◉ 저희의 마음을 온전히 헤아리시는 주님,
아이들을 세상의 수많은 유혹에서 지켜 주소서.
아이들의 미숙한 마음 안에 올바른 가치관을 심어 주시어
한 순간 한 순간 선을 향해 나아갈 수 있게 하소서.
달콤한 유혹의 손길에 마음이 흔들릴 때마다,
무엇이 옳고 그른지 판단하기 어려울 때마다
주님께 길을 묻고, 바른 소리에 귀 기울이게 하소서.
자신과 같은 길을 가지 않는다 하여

편견과 아집에 물들지 않게 해 주시고
서로 다름 안에서 조화를 이루며
상대방의 고유함을 존중할 줄 알게 하소서.
견디기 어려운 시련 앞에서도
가슴에는 꿈을 품고 달리는 아름다운 젊은이로 성장할 수 있도록
주님께서 그들의 매일을 돌보아 주소서.
우리 주 예수 그리스도를 통하여 비나이다. 아멘.

### 마침 기도

✚ 지혜의 근원이신 성부께서는 참생명에 이르는 길로 인도하시고,
은총의 샘이신 성자께서는 진리의 말씀을 깨닫게 하시며,
위로의 빛이신 성령께서는 힘과 용기를 북돋아 주시어, 저희로 하여금
언제나 바르고 선한 것만을 배우고 그 배운 바를 실천하게 하소서.
◉ 아멘.

### 마침 성가   가톨릭 성가 449번 '부름받은 젊은이'

# 40일

수험생을 위한 100일 기도 마흔 번째 날을 시작하겠습니다.

## 마음의 상처를 치유하소서

### 시작 성가

가톨릭 성가 444번 '나는 주를 의지하리라'

### 시작 기도

✚ 가정에는 평화를, 마음에는 위로를 주시는 주님은 찬미 받으소서.
◉ 하느님, 영원토록 찬미와 영광 받으소서.

**성경 말씀** 예레 17,12-17

저희 성소가 있는 곳은 처음부터 드높은 영광의 옥좌였습니다. 이스라엘의 희망이신 주님 당신을 저버린 자는 누구나 수치를 당하고 당신에게서 돌아선 자는 땅에 새겨지리이다. 그들이 생수의 원천이신 주님을 버린 탓입니다. 주님, 저를 낫게 해 주소서. 그러면 제가 나으리이다. 저를 구원해 주소서. 그러면 제가 구원받으리이다. 당신은 제 찬양을 받으실 분이십니다. 저들이 저에게 말합니다. "주님의 말씀이 어디에 있나? 내려와 보시라지!" 그러나 저는 당신께 재앙을 재촉하거나 파멸의 날을 기원하지도 않았습니다. 당신께서는 제 입술에서 무슨 말이 나왔는지 아십니다. 제가 당신 앞에서 아뢰었기 때문입니다. 당신께서는 저를 두렵게 하지 마소서. 재앙의 날에 당신은 저의 피난처이십니다.

**묵상 기도**

잠시 말씀을 묵상한 후, 자녀를 위한 간절한 지향을 담아 침묵 중에 기도합니다. (3~5분)

**묵주기도** 영광의 신비

**성인·호칭 기도**

**수험생을 위한 기도**

✚ 기도합시다.
◉ 주님, 오늘은 저희 자신을 위해서 기도합니다.
마치 먼 길을 숨 가쁘게 달려온 기분입니다.
목적지를 향해 앞만 보고 달려오기는 했지만
지금 이 자리가 전혀 기대하지 않았던 엉뚱한 곳인 것 같아
하릴없이 답답하고 허탈한 심정입니다.
아이들을 위해 기도를 한다고 앉아 있지만
진실한 믿음에서라기보다 이렇게라도 하지 않으면
부모로서 책임을 회피하는 것 같아 입술로만 당신을 부를 때도 있습니다.

아이는 아이대로 힘이 들지만
아이를 뒷바라지하는 저희 또한 지칠 때가 많습니다.
그래서 칭찬보다는 비난으로 아이들의 마음에 상처를 입히곤 합니다.
사랑의 눈길로 저희를 바라보아 주시는 주님,
저희의 부족함으로 상처 난 아이의 마음을 치유해 주소서.
이 시련의 날들도 은총이었다고 고백하는 날이 오도록
주님께서 한 발 한 발 인도하여 주소서.
우리 주 예수 그리스도를 통하여 비나이다. 아멘.

### 마침 기도

✚ 지혜의 근원이신 성부께서는 참생명에 이르는 길로 인도하시고,
은총의 샘이신 성자께서는 진리의 말씀을 깨닫게 하시며,
위로의 빛이신 성령께서는 힘과 용기를 북돋아 주시어, 저희로 하여금
언제나 바르고 선한 것만을 배우고 그 배운 바를 실천하게 하소서.
◉ 아멘.

### 마침 성가  가톨릭 성가 450번 '만방에 나아가서'

# 5 마당

## 부모와 자녀가 함께 드리는 기도 안에서
## 주님은 찬미 받으소서

# 41일

수험생을 위한 100일 기도 마흔한 번째 날을 시작하겠습니다.

## 넘어지더라도 다시 일어날 힘을 주소서

### 시작 성가

가톨릭 성가 170번 '자애로운 예수'

### 시작 기도

✚ 부모와 자녀가 함께 드리는 기도 안에서 주님은 찬미 받으소서.
◉ 하느님, 영원토록 찬미와 영광 받으소서.

**성경 말씀** 필리 4,10-14

여러분이 나를 생각해 주는 마음을 마침내 다시 한 번 보여 주었기에, 나는 주님 안에서 크게 기뻐합니다. 사실 여러분은 줄곧 나를 생각해 주었지만 그것을 보여 줄 기회가 없었던 것입니다. 내가 궁핍해서 이런 말을 하는 것은 아닙니다. 나는 어떠한 처지에서도 만족하는 법을 배웠습니다. 나는 비천하게 살 줄도 알고 풍족하게 살 줄도 압니다. 배부르거나 배고프거나 넉넉하거나 모자라거나 그 어떠한 경우에도 잘 지내는 비결을 알고 있습니다. 나에게 힘을 주시는 분 안에서 나는 모든 것을 할 수 있습니다. 그러나 내가 겪는 환난에 여러분이 동참한 것은 잘한 일입니다.

**묵상 기도**

잠시 말씀을 묵상한 후, 자녀를 위한 간절한 지향을 담아 침묵 중에 기도합니다. (3~5분)

**묵주기도** 환희의 신비

**성인 호칭 기도**

**수험생을 위한 기도**

✚ 기도합시다.
◉ 저희를 일으켜 주시고자 몇 번이고 넘어지신 예수님,
그 수난의 길이 저희를 위한 구원의 길임을 잘 알고 있습니다.
저희를 소중한 사람으로 새로나게 해 주시고자
스스로 그 길을 택하신 당신의 깊은 사랑을 이제야 겨우 알 듯합니다.
넘어지실 때마다 거듭 일어나셨던 주님을 기억하며
저희도 두려움을 딛고 다시 일어날 힘을 얻습니다.
저희는 이제 사랑으로 서로 용서하고 이해하며
주님께서 보여 주신 삶을 닮아 가고자 합니다.

주님, 저희 아이들이 걸어가야 할 인생길도
탄탄대로만은 아닐 것입니다.
숱하게 넘어지더라도 다시 일어설 수 있는 힘을 주소서.
실패란 자신을 성숙하게 하는 중요한 체험임을 알게 하시고
그 어떤 시련에도 흔들리지 않는 평화를 심어 주시며
저희의 마음이 믿음으로 굳세어지게 하소서.
우리 주 예수 그리스도를 통하여 비나이다. 아멘.

### 마침 기도

✚ 지혜의 근원이신 성부께서는 참생명에 이르는 길로 인도하시고,
은총의 샘이신 성자께서는 진리의 말씀을 깨닫게 하시며,
위로의 빛이신 성령께서는 힘과 용기를 북돋아 주시어, 저희로 하여금
언제나 바르고 선한 것만을 배우고 그 배운 바를 실천하게 하소서.
◉ 아멘.

### 마침 성가  가톨릭 성가 61번 '주 예수와 바꿀 수는 없네'

# 42일

수험생을 위한 100일 기도 마흔두 번째 날을 시작하겠습니다.

## 늘 깨어 기다리게 하소서

### 시작 성가

가톨릭 성가 68번 '기쁨과 평화 넘치는 곳'

### 시작 기도

✚ 부모와 자녀가 함께 드리는 기도 안에서 주님은 찬미 받으소서.
◉ 하느님, 영원토록 찬미와 영광 받으소서.

**성경 말씀** 로마 8,18-24

장차 우리에게 계시될 영광에 견주면, 지금 이 시대에 우리가 겪는 고난은 아무것도 아니라고 생각합니다. 사실 피조물은 하느님의 자녀들이 나타나기를 간절히 기다리고 있습니다. 피조물이 허무의 지배 아래 든 것은 자의가 아니라 그렇게 하신 분의 뜻이었습니다. 그러나 그것은 희망을 간직하고 있습니다. 피조물도 멸망의 종살이에서 해방되어, 하느님의 자녀들이 누리는 영광의 자유를 얻을 것입니다. 우리는 모든 피조물이 지금까지 다 함께 탄식하며 진통을 겪고 있음을 알고 있습니다. 그러나 피조물만이 아니라 성령을 첫 선물로 받은 우리 자신도 하느님의 자녀가 되기를, 우리의 몸이 속량되기를 기다리며 속으로 탄식하고 있습니다. 사실 우리는 희망으로 구원을 받았습니다. 보이는 것을 희망하는 것은 희망이 아닙니다. 보이는 것을 누가 희망합니까?

**묵상 기도**

잠시 말씀을 묵상한 후, 자녀를 위한 간절한 지향을 담아 침묵 중에 기도합니다. (3~5분)

**묵주기도** 빛의 신비

**성인 호칭 기도**

**수험생을 위한 기도**

✚ 기도합시다.
◉ 늘 깨어 기다리라고 말씀하시는 주님,
기다림과 인내가 필요한 이 시기에
주님의 그 말씀은 저희에게 깨우침과 희망을 불어넣어 줍니다.
또한 성급한 마음으로 조바심내기보다는
마음의 여유를 가지고 멀리 보아야 함을 가르쳐 주십니다.
주님, 저희가 욕심과 아집을 버리고
빈 마음으로 현재의 처지를 수용하며
시험이라는 이 높은 장벽을

신앙 안에서 넘을 수 있도록 함께해 주소서.
이 어려운 시기를 통해
오히려 마음의 관대함을 키워 가게 하시고
늘 깨어 주님의 뜻에 협력하게 해 주소서.
부족함은 채워 주시고, 약한 마음은 보듬어 안아 주시는
주님의 사랑 어린 손길을
언제나 기도 속에서 느끼게 해 주소서.
우리 주 예수 그리스도를 통하여 비나이다. 아멘.

### 마침 기도

✚ 지혜의 근원이신 성부께서는 참생명에 이르는 길로 인도하시고,
은총의 샘이신 성자께서는 진리의 말씀을 깨닫게 하시며,
위로의 빛이신 성령께서는 힘과 용기를 북돋아 주시어, 저희로 하여금
언제나 바르고 선한 것만을 배우고 그 배운 바를 실천하게 하소서.
◉ 아멘.

### 마침 성가  가톨릭 성가 16번 '온 세상아 주님을'

# 43일

수험생을 위한 100일 기도 마흔세 번째 날을 시작하겠습니다.

## 십자가의 길을 따르게 하소서

**시작 성가**

가톨릭 성가 119번 '주님은 우리 위해'

**시작 기도**

✚ 부모와 자녀가 함께 드리는 기도 안에서 주님은 찬미 받으소서.
◉ 하느님, 영원토록 찬미와 영광 받으소서.

**성경 말씀** 로마 6,5-11

사실 우리가 그분처럼 죽어 그분과 결합되었다면, 부활 때에도 분명히 그리될 것입니다. 우리는 압니다. 우리의 옛 인간이 그분과 함께 십자가에 못 박힘으로써 죄의 지배를 받는 몸이 소멸하여, 우리가 더 이상 죄의 종노릇을 하지 않게 되었습니다. 죽은 사람은 죄에서 벗어나기 때문입니다. 그래서 우리가 그리스도와 함께 죽었으니 그분과 함께 살리라고 우리는 믿습니다. 우리는 그리스도께서 죽은 이들 가운데에서 되살아나시어 다시는 돌아가시지 않으리라는 것을 압니다. 죽음은 더 이상 그분 위에 군림하지 못합니다. 그분께서 돌아가신 것은 죄와 관련하여 단 한 번 돌아가신 것이고, 그분께서 사시는 것은 하느님을 위하여 사시는 것입니다. 이와 같이 여러분 자신도 죄에서는 죽었지만 그리스도 예수님 안에서 하느님을 위하여 살고 있다고 생각하십시오.

### 묵상 기도

잠시 말씀을 묵상한 후, 자녀를 위한 간절한 지향을 담아 침묵 중에 기도합니다. (3~5분)

### 묵주기도  고통의 신비
### 성인 호칭 기도
### 수험생을 위한 기도

✚ 기도합시다.
◉ 어떤 처지에서도 저희를 믿고 기다려 주시는 주님,
저희에게 행복의 길을 열어 주시고자
한처음부터 계획하시고 섭리로 이끌어 주시니 감사합니다.
지금 수험생들이 가고 있는 여정이
또 다른 행복으로 가는 길임을 깨닫게 해 주시고
저희도 사랑으로 이 여정을 함께 걷게 해 주소서.
혹여 이 여정에서 드리는 저희의 기도가
원망의 기도가 되지 않게 해 주시고,

주님께서 몸소 걸으신 십자가의 길 위에서
저희도 자신의 십자가를 지고 함께 걸어가게 하소서.
부족하나마 믿음으로 청하는 저희의 기도를 받아 주시어
저희와 저희 아이들이 십자가 안에서
영원한 기쁨을 발견하게 하시고
당신만이 주시는 깊은 평화를 맛보게 하소서.
우리 주 예수 그리스도를 통하여 비나이다. 아멘.

### 마침 기도

✚ 지혜의 근원이신 성부께서는 참생명에 이르는 길로 인도하시고,
은총의 샘이신 성자께서는 진리의 말씀을 깨닫게 하시며,
위로의 빛이신 성령께서는 힘과 용기를 북돋아 주시어, 저희로 하여금
언제나 바르고 선한 것만을 배우고 그 배운 바를 실천하게 하소서.
◉ 아멘.

### 마침 성가   가톨릭 성가 29번 '주 예수 따르기로'

# 44일

수험생을 위한 100일 기도 마흔네 번째 날을 시작하겠습니다.

## 성심 안에서 힘을 얻게 하소서

### 시작 성가

가톨릭 성가 200번 '열절하신 주의 사랑'

### 시작 기도

✚ 부모와 자녀가 함께 드리는 기도 안에서 주님은 찬미 받으소서.
◉ 하느님, 영원토록 찬미와 영광 받으소서.

**성경 말씀** 요한 19,31-36

그날은 준비일이었고 이튿날 안식일은 큰 축일이었으므로, 유다인들은 안식일에 시신이 십자가에 매달려 있지 않게 하려고, 십자가에 못 박힌 이들의 다리를 부러뜨리고 시신을 치우게 하라고 빌라도에게 요청하였다. 그리하여 군사들이 가서 예수님과 함께 십자가에 못 박힌 첫째 사람과 또 다른 사람의 다리를 부러뜨렸다. 예수님께 가서는 이미 숨지신 것을 보고 다리를 부러뜨리는 대신, 군사 하나가 창으로 그분의 옆구리를 찔렀다. 그러자 곧 피와 물이 흘러나왔다. 이는 직접 본 사람이 증언하는 것이므로 그의 증언은 참되다. 그리고 그는 여러분이 믿도록 자기가 진실을 말한다는 것을 알고 있다. "그의 뼈가 하나도 부러지지 않을 것이다." 하신 성경 말씀이 이루어지려고 이런 일들이 일어난 것이다.

### 묵상 기도

잠시 말씀을 묵상한 후, 자녀를 위한 간절한 지향을 담아 침묵 중에 기도합니다. (3~5분)

### 묵주기도   영광의 신비
### 성인 호칭 기도
### 수험생을 위한 기도

✚ 기도합시다.
◉ "내 안에 머물러라. 나도 너희 안에 머무르겠다."고 하신 예수님,
저희 영혼이 주님의 거룩하신 마음 안에 머물며
당신께서 주시는 깨달음의 은총을 얻어 누리게 하소서.
저희에게 진정 소중한 것이 무엇인가를 알게 하시어
지금 저희와 저희 아이들이 바치는 기도와 노력이
얼마나 귀중한 과정인지를 깨닫게 해 주소서.
"여러분이 가지지 못한 것은 여러분이 청하지 않기 때문"이라고 한
야고보 사도의 말씀을 새기며

소박하지만 주님의 마음을 울리는 기도를 바치며 살아가고 싶습니다.
예수님의 성심에서 샘솟는 생명의 물은 언제나
저희의 영혼과 마음을 깨끗이 씻어 당신께로 향하게 합니다.
저희로 하여금 성심 안에서 하나 되게 하시어
새로이 변화된 삶을 살아가게 하소서.
주님, 시험을 앞두고 초조함으로 하루하루를 보내는 저희 아이들이
당신의 거룩한 마음에서 생명의 힘을 얻게 하소서.
우리 주 예수 그리스도를 통하여 비나이다. 아멘.

### 마침 기도

✚ 지혜의 근원이신 성부께서는 참생명에 이르는 길로 인도하시고,
은총의 샘이신 성자께서는 진리의 말씀을 깨닫게 하시며,
위로의 빛이신 성령께서는 힘과 용기를 북돋아 주시어, 저희로 하여금
언제나 바르고 선한 것만을 배우고 그 배운 바를 실천하게 하소서.
◉ 아멘.

### 마침 성가   가톨릭 성가 59번 '주께선 나의 피난처'

# 45일

수험생을 위한 100일 기도 마흔다섯 번째 날을 시작하겠습니다.

## 사랑 안에 머물게 하소서

### 시작 성가

가톨릭 성가 46번 '사랑의 송가'

### 시작 기도

✚ 부모와 자녀가 함께 드리는 기도 안에서 주님은 찬미 받으소서.
◉ 하느님, 영원토록 찬미와 영광 받으소서.

**성경 말씀** 아가 8,5-7

자기 연인에게 몸을 기댄 채 광야에서 올라오는 저 여인은 누구인가? 사과나무 아래에서 나는 당신을 깨웠지요. 거기에서 당신 어머니가 당신을 잉태하셨답니다. 거기에서 당신을 낳으신 분이 당신을 잉태하셨답니다. 인장처럼 나를 당신의 가슴에, 인장처럼 나를 당신의 팔에 지니셔요. 사랑은 죽음처럼 강하고 정열은 저승처럼 억센 것. 그 열기는 불의 열기 더할 나위 없이 격렬한 불길이랍니다. 큰 물도 사랑을 끌 수 없고 강물도 휩쓸어 가지 못한답니다. 누가 사랑을 사려고 제집의 온 재산을 내놓는다 해도 사람들이 그를 경멸할 뿐이랍니다.

**묵상 기도**

잠시 말씀을 묵상한 후, 자녀를 위한 간절한 지향을 담아 침묵 중에 기도합니다. (3~5분)

**묵주기도** 환희의 신비

**성인 호칭 기도**

**수험생을 위한 기도**

✚ 기도합시다.
◉ 영원한 생명을 주시는 주 예수 그리스도님,
당신께서는 온 삶을 통해 사랑이 죽음보다 강함을 보여 주셨으니,
저희는 그 삶 안에서 살아가는 지혜를 깨닫게 됩니다.
크고 작은 상처들로 완고해진 마음,
무관심으로 무디어지고 이기심으로 차갑게 식어 버린 마음,
저희에게 주어진 현실을 거부하며 죽어가는 마음은
주님의 사랑 앞에서 새로워지고 생명을 얻습니다.
오직 주님의 은총 안에서만

저희의 응어리진 마음이 봄눈 녹듯 풀리고
해방의 기쁨을 만날 수 있습니다.
주님, 언제나 저희의 마음을
주님의 사랑 안에 머물게 하시어
그리스도의 치유의 빛이 저희 마음속 어둠을 비추게 하소서.
죽음보다 강한 사랑을
체험할 수 있는 은총을 허락하소서.
우리 주 예수 그리스도를 통하여 비나이다. 아멘.

### 마침 기도

✚ 지혜의 근원이신 성부께서는 참생명에 이르는 길로 인도하시고,
은총의 샘이신 성자께서는 진리의 말씀을 깨닫게 하시며,
위로의 빛이신 성령께서는 힘과 용기를 북돋아 주시어, 저희로 하여금
언제나 바르고 선한 것만을 배우고 그 배운 바를 실천하게 하소서.
◉ 아멘.

### 마침 성가   가톨릭 성가 414번 '사랑하는 사람은 누구나'

## 46일 수험생을 위한 100일 기도 마흔여섯 번째 날을 시작하겠습니다.

## 온전히 뉘우치게 하소서

**시작 성가**

가톨릭 성가 332번 '봉헌'

**시작 기도**

✚ 부모와 자녀가 함께 드리는 기도 안에서 주님은 찬미 받으소서.
◉ 하느님, 영원토록 찬미와 영광 받으소서.

**성경 말씀**  에즈 9,5-8

저녁 제사 때에 나는 단식을 그치고 일어나서, 의복과 겉옷은 찢어진 채 무릎을 꿇고 두 손을 펼쳐, 주 나의 하느님께 말씀드렸다. "저의 하느님, 너무나 부끄럽고 수치스러워서, 저의 하느님, 당신께 제 얼굴을 들 수가 없습니다. 저희 죄악은 머리 위로 불어났고, 저희 잘못은 하늘까지 커졌습니다. 저희 조상 때부터 이 날까지 저희는 큰 잘못을 저지르며 살아왔습니다. 그리고 저희의 죄악 때문에 오늘 이처럼, 임금들과 사제들과 더불어 저희가 여러 나라 임금들과 칼에 넘겨지고, 포로살이와 약탈과 부끄러운 일을 당하도록 넘겨지고 말았습니다. 그러나 이제 잠깐이나마 주 하느님께서 은혜를 내리시어, 저희에게 생존자를 남겨 주시고, 당신의 거룩한 곳에 저희를 위하여 터전을 마련해 주셨습니다. 하느님께서는 저희 눈을 비추시고, 종살이하는 저희를 조금이나마 되살려 주셨습니다.

**묵상 기도**

잠시 말씀을 묵상한 후, 자녀를 위한 간절한 지향을 담아 침묵 중에 기도합니다. (3~5분)

**묵주기도 빛의 신비**

**성인 호칭 기도**

**수험생을 위한 기도**

✚ 기도합시다.
◉ 지극히 겸손하신 사랑의 주님, 아이들을 이해하고
아이들의 말에 끝까지 귀 기울이는 부모가 되게 하소서.
사소한 한마디 말에서도 아이들이 사랑받고 있음을 느끼게 하소서.
아이들의 실수 앞에서 비난하고 무안함을 주기보다
위로와 격려의 말을 건넬 수 있는 온유한 마음을 주소서.
폭포처럼 쏟아지는 주님의 자비로
저희 마음을 깨끗하게 씻어 주소서.
아이들이 잘못할 때마다 감정에 동요되지 않으며

사랑으로 품어 안을 수 있는 은총을 허락하소서.
주 예수 그리스도님, 아이들과 마음을 열고
진실한 대화를 나눌 수 있는 시간을 마련해 주시고
저희가 느끼지 못하는 앙금까지도 치유해 주소서.
주님, 저에게 상처 준 모든 이들을 용서합니다.
온전히 뉘우치는 마음으로 가족들과 아이들에게 용서를 청합니다.
그들을 통해서 제게 보여 주신 사랑에 감사드립니다.
우리 주 예수 그리스도를 통하여 비나이다. 아멘.

### 마침 기도

✚ 지혜의 근원이신 성부께서는 참생명에 이르는 길로 인도하시고,
은총의 샘이신 성자께서는 진리의 말씀을 깨닫게 하시며,
위로의 빛이신 성령께서는 힘과 용기를 북돋아 주시어, 저희로 하여금
언제나 바르고 선한 것만을 배우고 그 배운 바를 실천하게 하소서.
◉ 아멘.

### 마침 성가   가톨릭 성가 226번 '하느님 자비하시니'

# 47일

수험생을 위한 100일 기도 마흔일곱 번째 날을 시작하겠습니다.

## 두려움을 거두어 주소서

**시작 성가**

가톨릭 성가 50번 '주님은 나의 목자'

**시작 기도**

✚ 부모와 자녀가 함께 드리는 기도 안에서 주님은 찬미 받으소서.
◉ 하느님, 영원토록 찬미와 영광 받으소서.

**성경 말씀** 1베드 5,6-11

하느님의 강한 손 아래에서 자신을 낮추십시오. 때가 되면 그분께서 여러분을 높이실 것입니다. 여러분의 모든 걱정을 그분께 내맡기십시오. 그분께서 여러분을 돌보고 계십니다. 정신을 차리고 깨어 있도록 하십시오. 여러분의 적대자 악마가 으르렁거리는 사자처럼 누구를 삼킬까 하고 찾아 돌아다닙니다. 여러분은 믿음을 굳건히 하여 악마에게 대항하십시오. 여러분도 알다시피, 온 세상에 퍼져 있는 여러분의 형제들도 같은 고난을 당하고 있습니다. 여러분이 잠시 고난을 겪고 나면, 모든 은총의 하느님께서, 곧 그리스도 예수님 안에서 당신의 영원한 영광에 참여하도록 여러분을 불러 주신 그분께서 몸소 여러분을 온전하게 하시고 굳세게 하시며 든든하게 하시고 굳건히 세워 주실 것입니다. 그분의 권능은 영원합니다. 아멘.

### 묵상 기도

잠시 말씀을 묵상한 후, 자녀를 위한 간절한 지향을 담아 침묵 중에 기도합니다. (3~5분)

### 묵주기도  고통의 신비
### 성인 호칭 기도
### 수험생을 위한 기도

✚ 기도합시다.
◉ 온전한 생명과 자유를 주러 오신 주 예수님,
저희의 애타는 마음을 헤아려 주소서.
아이들을 바라보는 저희의 마음은 그저 측은하기만 합니다.
주님, 아이들이 시험 보는 그날까지
주님의 사랑과 은총을 충만히 베풀어 주시기를 간절히 청합니다.
눈물을 흘리며 씨를 뿌리던 농부가 기쁨으로 곡식단을 거두듯이
저희 아이들이 공부하는 과정에서의 어려움을 이겨 내고
기쁨의 열매를 거둘 수 있도록 은총의 비를 내려 주소서.

아이들이 기대만큼 결과를 얻지 못할지라도 두려움을 거두어 주시어,
주님께 희망을 두는 아이들이 되도록 도와주소서.
저희 아이들의 연약한 손을 잡아 주시어
한 자 한 자 알아 가는 배움의 내용들이 삶 안에서
살아 있는 지식으로 다가올 수 있도록 아이들의 명오를 열어 주소서.
노심초사 기도밖에 아무것도 도울 수 없는 저희의 가난한 마음도
어여삐 여기시어 받아 주소서.
우리 주 예수 그리스도를 통하여 비나이다. 아멘.

### 마침 기도

✚ 지혜의 근원이신 성부께서는 참생명에 이르는 길로 인도하시고,
은총의 샘이신 성자께서는 진리의 말씀을 깨닫게 하시며,
위로의 빛이신 성령께서는 힘과 용기를 북돋아 주시어, 저희로 하여금
언제나 바르고 선한 것만을 배우고 그 배운 바를 실천하게 하소서.
◉ 아멘.

### 마침 성가  가톨릭 성가 406번 '세상에 외치고 싶어'

# 48일

수험생을 위한 100일 기도 마흔여덟 번째 날을 시작하겠습니다.

## 올곧은 마음으로 나아가게 하소서

### 시작 성가

가톨릭 성가 468번 '그리스도는 나의 바위'

### 시작 기도

✚ 부모와 자녀가 함께 드리는 기도 안에서 주님은 찬미 받으소서.

◉ 하느님, 영원토록 찬미와 영광 받으소서.

**성경 말씀**  1코린 10,9-13

그들 가운데 어떤 자들이 주님을 시험한 것처럼 우리는 그리스도를 시험하지 맙시다. 그들은 뱀에 물려 죽었습니다. 그리고 그들 가운데 어떤 자들이 투덜거린 것처럼 여러분은 투덜거리지 마십시오. 그들은 파괴자의 손에 죽었습니다. 이 일들은 본보기로 그들에게 일어난 것인데, 세상 종말에 다다른 우리에게 경고가 되라고 기록되었습니다. 그러므로 서 있다고 생각하는 이는 넘어지지 않도록 조심하십시오. 여러분에게 닥친 시련은 인간으로서 이겨 내지 못할 시련이 아닙니다. 하느님은 성실하십니다. 그분께서는 여러분에게 능력 이상으로 시련을 겪게 하지 않으십니다. 그리고 시련과 함께 그것을 벗어날 길도 마련해 주십니다.

**묵상 기도**

잠시 말씀을 묵상한 후, 자녀를 위한 간절한 지향을 담아 침묵 중에 기도합니다. (3~5분)

**묵주기도** 영광의 신비

**성인 호칭 기도**

**수험생을 위한 기도**

✚ 기도합시다.
◉ 저희가 가야 할 길이신 예수님,
저희는 주님께서 동행하심을 굳게 믿으며
저희 앞에 놓인 여정을 희망 속에서 걸어가고자 합니다.
주님, 저에게 주님을 따라 걷는다는 것이 어떠한 삶인지 깨닫게 하시고
아이들이 저희가 노력하는 모습을 통해
어떻게 살아야 하는지 배우게 하소서.
언젠가 찾아올 봄을 희망하며 매서운 겨울 바람을 견디어 내는 나무처럼
힘겨운 일들에도 올곧은 마음으로 확실한 목표만을 향해

나아갈 수 있는 저희 아이들이 되게 하시고
아이들의 길에 든든한 동반자가 되어 주시어 어떠한 일이 닥치더라도
마음을 잘 다스리며 웃을 줄 아는 여유를 배우게 하소서.
주님, 시험이 다가올수록 아이들은 긴장 속에서 불안해합니다.
아이들이 무엇이 옳고 그른지를 잘 알고 선택할 수 있도록
지혜의 영을 부어 주시어 주님 앞에서
항상 바른 길을 걷는 자녀가 되도록 이끌어 주소서.
우리 주 예수 그리스도를 통하여 비나이다. 아멘.

### 마침 기도

✚ 지혜의 근원이신 성부께서는 참생명에 이르는 길로 인도하시고,
은총의 샘이신 성자께서는 진리의 말씀을 깨닫게 하시며,
위로의 빛이신 성령께서는 힘과 용기를 북돋아 주시어, 저희로 하여금
언제나 바르고 선한 것만을 배우고 그 배운 바를 실천하게 하소서.
◉ 아멘.

### 마침 성가  가톨릭 성가 443번 '자애로우신 주님'

# 49일

수험생을 위한 100일 기도 마흔아홉 번째 날을 시작하겠습니다.

## 경쟁 상대가 아니라
## 서로 동반자임을 알게 하소서

**시작 성가**

가톨릭 성가 399번 '주님 안에 하나'

**시작 기도**

✚ 부모와 자녀가 함께 드리는 기도 안에서 주님은 찬미 받으소서.
◉ 하느님, 영원토록 찬미와 영광 받으소서.

**성경 말씀** 마태 5,43-48

"'네 이웃을 사랑해야 한다. 그리고 네 원수는 미워해야 한다.'고 이르신 말씀을 너희는 들었다. 그러나 나는 너희에게 말한다. 너희는 원수를 사랑하여라. 그리고 너희를 박해하는 자들을 위하여 기도하여라. 그래야 너희가 하늘에 계신 너희 아버지의 자녀가 될 수 있다. 그분께서는 악인에게나 선인에게나 당신의 해가 떠오르게 하시고, 의로운 이에게나 불의한 이에게나 비를 내려 주신다. 사실 너희가 자기를 사랑하는 이들만 사랑한다면 무슨 상을 받겠느냐? 그것은 세리들도 하지 않느냐? 그리고 너희가 자기 형제들에게만 인사한다면, 너희가 남보다 잘하는 것이 무엇이겠느냐? 그런 것은 다른 민족 사람들도 하지 않느냐? 그러므로 하늘의 너희 아버지께서 완전하신 것처럼 너희도 완전한 사람이 되어야 한다."

**묵상 기도**

잠시 말씀을 묵상한 후, 자녀를 위한 간절한 지향을 담아 침묵 중에 기도합니다. (3~5분)

**묵주기도  환희의 신비**

**성인 호칭 기도**

**수험생을 위한 기도**

✚ 기도합시다.
◉ 생명의 근원이신 하느님,
주님의 모습대로 저희를 창조하시어
더불어 사는 삶을 살게 해 주시니 감사드립니다.
하지만 저희는 아이들로 하여금 친구를 친구로 여기기보다
하나의 경쟁 상대로 보아 경계하도록 만들어 버렸습니다.
모든 것을 성적으로 평가하는 학력 위주의 사회에서는
어쩔 수 없는 선택이요, 상황이라며 자기 합리화로
저희의 욕심을 숨기곤 했습니다.

먼저 좋은 친구가 되어 주라고 가르치기보다
저희 아이에게 이익이 되는 친구를 사귀었으면 하고 바랐습니다.
당신께서는 '너와 나'가 아닌 '우리'가 되는 세상을 바라셨지만
저희는 자신만 잘되는 세상을 꿈꿔 왔습니다.
주님, 저희 아이가 친구의 기쁨을 함께 기뻐하고,
친구의 아픔을 함께 아파하며 좋은 동반자가 되게 해 주소서.
그리하여 주님 안에서 한 형제자매임을 깨닫게 하소서.
우리 주 예수 그리스도를 통하여 비나이다. 아멘.

### 마침 기도

✚ 지혜의 근원이신 성부께서는 참생명에 이르는 길로 인도하시고,
은총의 샘이신 성자께서는 진리의 말씀을 깨닫게 하시며,
위로의 빛이신 성령께서는 힘과 용기를 북돋아 주시어, 저희로 하여금
언제나 바르고 선한 것만을 배우고 그 배운 바를 실천하게 하소서.
◉ 아멘.

### 마침 성가   가톨릭 성가 446번 '우리는 주의 사랑을'

# 50일

수험생을 위한 100일 기도 쉰 번째 날을 시작하겠습니다.

## 서로 돕는 기쁨을 알게 하소서

### 시작 성가

가톨릭 성가 35번 '나는 포도나무요'

### 시작 기도

✚ 부모와 자녀가 함께 드리는 기도 안에서 주님은 찬미 받으소서.
◉ 하느님, 영원토록 찬미와 영광 받으소서.

**성경 말씀**  집회 2,1-9

애야, 주님을 섬기러 나아갈 때 너 자신을 시련에 대비시켜라. 네 마음을 바로잡고 확고히 다지며 재난이 닥칠 때 허둥대지 마라. 주님께 매달려 떨어지지 마라. 네가 마지막에 번창하리라. 너에게 닥친 것은 무엇이나 받아들이고 처지가 바뀌어 비천해지더라도 참고 견뎌라. 금은 불로 단련되고 주님께 맞갖은 이들은 비천의 도가니에서 단련된다. 질병과 가난 속에서도 그분을 신뢰하여라. 그분을 믿어라, 그분께서 너를 도우시리라. 너의 길을 바로잡고 그분께 희망을 두어라. 주님을 경외하는 이들아, 그분의 자비를 기다려라. 빗나가지 마라. 넘어질까 두렵다. 주님을 경외하는 이들아, 그분을 믿어라. 너희 상급을 결코 잃지 않으리라. 주님을 경외하는 이들아 좋은 것들과 영원한 즐거움과 자비를 바라라. 그분의 보상은 기쁨을 곁들인 영원한 선물이다.

### 묵상 기도

잠시 말씀을 묵상한 후, 자녀를 위한 간절한 지향을 담아 침묵 중에 기도합니다. (3~5분)

### 묵주기도  빛의 신비
### 성인 호칭 기도
### 수험생을 위한 기도

✚ 기도합시다.
◉ 사랑이신 주 하느님,
시간이 얼마 남지 않았다고 생각될 때
차분하게 준비할 수 있는 마음의 여유를 주소서.
시험을 앞둔 수험생들이 노력 이상의 결과를 꿈꾸기보다
다만 현재에 충실을 다하며 나아갈 수 있도록 주님께서 도와주소서.
주님, 시험은 인생의 한 과정일 뿐
삶의 유일한 목적도, 전부도 될 수 없음을 압니다.
그러기에 시험에 떨어진 결과보다

최선을 다하지 않았던 안이한 태도를 더 부끄러워하게 하소서.
아이들이 실패 자체를 두려워하는 것이 아니라
실패로 인해 좌절하고 다시 일어서지 못하는
패배 의식을 두려워하게 하소서.
지나친 경쟁 의식으로 마음의 평정을 잃지 않게 하시고,
남이야 어떻게 되든 자기만 잘되면 그만이라는 이기주의가
아이들의 영혼을 좀먹지 않게 하소서.
우리 주 예수 그리스도를 통하여 비나이다. 아멘.

### 마침 기도

✚ 지혜의 근원이신 성부께서는 참생명에 이르는 길로 인도하시고,
은총의 샘이신 성자께서는 진리의 말씀을 깨닫게 하시며,
위로의 빛이신 성령께서는 힘과 용기를 북돋아 주시어, 저희로 하여금
언제나 바르고 선한 것만을 배우고 그 배운 바를 실천하게 하소서.
◉ 아멘.

### 마침 성가  가톨릭 성가 456번 '둘이나 셋이 모인 곳에'

# 6 마당

세상을 지극히 사랑하시어
성자 그리스도를 통해 구원의 신비를
드러내 보여 주신 주님은 찬미 받으소서

# 51일

수험생을 위한 100일 기도 쉰한 번째 날을 시작하겠습니다.

## 모든 것이 주님의 선물임을 깨닫게 하소서

**시작 성가**

가톨릭 성가 212번 '너그러이 받으소서'

**시작 기도**

✚ 세상을 지극히 사랑하시어 성자 그리스도를 통해 구원의 신비를 드러내 보여 주신 주님은 찬미 받으소서.
◉ 하느님, 영원토록 찬미와 영광 받으소서.

**성경 말씀**  2요한 3-6

하느님 아버지와 그분의 아드님이신 예수 그리스도께서 내려주시는 은총과 자비와 평화가 진리와 사랑 안에서 우리와 함께 있을 것입니다. 그대의 자녀들 가운데, 우리가 아버지에게서 받은 계명대로 진리 안에서 살아가는 사람들이 있는 것을 보고 나는 매우 기뻤습니다. 부인, 이제 내가 그대에게 당부합니다. 그러나 내가 그대에게 써 보내는 것은 무슨 새 계명이 아니라 우리가 처음부터 지녀 온 계명입니다. 곧 서로 사랑하라는 것입니다. 그리고 그 사랑은 우리가 그분의 계명에 따라 살아가는 것이고, 그 계명은 그대들이 처음부터 들은 대로 그 사랑 안에서 살아가야 한다는 것입니다. 그분의 권능은 영원합니다. 아멘.

**묵상 기도**

잠시 말씀을 묵상한 후, 자녀를 위한 간절한 지향을 담아 침묵 중에 기도합니다. (3~5분)

**묵주기도**  고통의 신비

**성인 호칭 기도**

**수험생을 위한 기도**

✚ 기도합시다.
◉ 겸손한 처녀 마리아를 구세주의 어머니로 삼으신 하느님,
성모님처럼 겸손한 사람이 되게 해 주소서.
저희에게는 하느님이시면서도 사람이 되시어
십자가에 달려 돌아가신 예수님 외에는 아무것도 자랑할 게 없습니다.
저희는 주님께 이미 많은 선물을 받았기에
그 선물을 이웃과 나눌 줄 알게 하소서.
저희 아이들 역시 자신이 겪어야 할
어려움과 고통만을 바라볼 것이 아니라

자신에게 주어진 무한한 가능성과 다양한 재능에 감사하고
그 재능을 키워 이웃을 위해 펼칠 수 있게 하소서.
주님, 저희가 당신의 마음을 닮아 드넓은 대지처럼
모든 것을 말없이 받아들일 때,
언젠가는 생명의 싹이
저희 안에서 움트리라는 것을 믿고 희망하게 하소서.
우리 주 예수 그리스도를 통하여 비나이다. 아멘.

### 마침 기도

✚ 지혜의 근원이신 성부께서는 참생명에 이르는 길로 인도하시고,
은총의 샘이신 성자께서는 진리의 말씀을 깨닫게 하시며,
위로의 빛이신 성령께서는 힘과 용기를 북돋아 주시어, 저희로 하여금
언제나 바르고 선한 것만을 배우고 그 배운 바를 실천하게 하소서.
◉ 아멘.

### 마침 성가  가톨릭 성가 241번 '바다의 별이신 성모'

# 52일

수험생을 위한 100일 기도 쉰두 번째 날을 시작하겠습니다.

## 끊임없이 기도하게 하소서

**시작 성가**

가톨릭 성가 142번 '오소서 성령이여'

**시작 기도**

✚ 세상을 지극히 사랑하시어 성자 그리스도를 통해 구원의 신비를 드러내 보여 주신 주님은 찬미 받으소서.

◉ 하느님, 영원토록 찬미와 영광 받으소서.

**성경 말씀** 마태 18,19-22

"내가 또 진실로 너희에게 말한다. 너희 가운데 두 사람이 이 땅에서 마음을 모아 무엇이든 청하면, 하늘에 계신 내 아버지께서 이루어 주실 것이다. 두 사람이나 세 사람이라도 내 이름으로 모인 곳에는 나도 함께 있기 때문이다." 그때에 베드로가 예수님께 다가와, "주님, 제 형제가 저에게 죄를 지으면 몇 번이나 용서해 주어야 합니까? 일곱 번까지 해야 합니까?" 하고 물었다. 예수님께서 그에게 대답하셨다. "내가 너에게 말한다. 일곱 번이 아니라 일흔일곱 번까지라도 용서해야 한다."

### 묵상 기도

잠시 말씀을 묵상한 후, 자녀를 위한 간절한 지향을 담아 침묵 중에 기도합니다. (3~5분)

### 묵주기도  영광의 신비
### 성인 호칭 기도
### 수험생을 위한 기도

✚ 기도합시다.
◉ 당신의 이름으로 아버지께 청하는 것이라면
무엇이든 들어주시겠다고 약속하신 예수님,
아이들에게 주님의 사랑에 대해 가르치기보다 성적을 앞세우고
성당보다 학원에 가는 것을 우선으로 여겼던
저희의 잘못을 뉘우칩니다.
시험이 인생의 전부인 듯 가르쳐 온
저희의 좁은 생각을 바로잡아 주시고
주어진 것들에 감사하기보다

부질없는 욕심에 빠졌던 저희의 무모함을 용서해 주소서.
주님, 오랫동안 공부와 씨름하느라 지치기도 하겠지만
주님께 순간순간 기도하며 겸손되이 도움을 청할 줄 알고
언제나 밝은 마음을 잃지 않는 아이들이 되게 해 주소서.
예수님의 이름으로 기도하고 청하면 들어주신다고 하신 주님,
저희 아이들이 믿고 드리는 기도를 꼭 허락해 주시고
저희 또한 어떤 처지에서도 기도를 멈추지 않게 하소서.
우리 주 예수 그리스도를 통하여 비나이다. 아멘.

### 마침 기도

✛ 지혜의 근원이신 성부께서는 참생명에 이르는 길로 인도하시고,
은총의 샘이신 성자께서는 진리의 말씀을 깨닫게 하시며,
위로의 빛이신 성령께서는 힘과 용기를 북돋아 주시어, 저희로 하여금
언제나 바르고 선한 것만을 배우고 그 배운 바를 실천하게 하소서.
◉ 아멘.

### 마침 성가   가톨릭 성가 61번 '주 예수와 바꿀 수는 없네'

# 53일

수험생을 위한 100일 기도 쉰세 번째 날을 시작하겠습니다.

## 참행복을 꿈꾸게 하소서

**시작 성가**

가톨릭 성가 175번 '이보다 더 큰 은혜와'

**시작 기도**

✚ 세상을 지극히 사랑하시어 성자 그리스도를 통해 구원의 신비를 드러내 보여 주신 주님은 찬미 받으소서.
◉ 하느님, 영원토록 찬미와 영광 받으소서.

**성경 말씀** 집회 1,14-18

지혜의 시작은 주님을 경외함이며 지혜는 믿는 이들과 함께 모태에서 창조되었다. 지혜는 사람들 가운데에 영원한 기초를 세우고 그들의 자손들과 함께 존속하리라. 지혜의 충만은 주님을 경외함이며 지혜는 제 열매로 사람들을 취하게 한다. 지혜는 그들의 온 집을 보물로 가득 채우고 제 수확으로 곳간을 채워 준다. 지혜의 화관은 주님을 경외함이며 지혜는 평화와 건강을 꽃피운다. 경외심과 지혜 둘 다 평화를 위해 주어진 하느님의 선물로서 그분을 사랑하는 이들에게 자랑거리를 더해 준다.

### 묵상 기도

잠시 말씀을 묵상한 후, 자녀를 위한 간절한 지향을 담아 침묵 중에 기도합니다. (3~5분)

### 묵주기도  환희의 신비
### 성인 호칭 기도
### 수험생을 위한 기도

✚ 기도합시다.
◉ 주님, 저희 마음속 묵은 어둠을 밝혀 주시어
옛 생활에서 벗어나 새 사람이 되게 하시고
창조주 하느님의 형상에 따라 끊임없이 새로워지면서
영원히 변하지 않는 주님의 진리에 이르게 하소서.
모든 지혜는 하느님으로부터 오는 것임을 알면서도
저희는 당장 유익이 되는
세상의 지식만을 채우려 욕심을 부리곤 했습니다.
하느님의 뜻에 따라 사는 것이

진정 지혜로운 삶이라고 온 생애를 통해 가르쳐 주신 예수님,
저희 아이들이 당신의 지혜를 배우게 해 주소서.
시험을 준비하는 하루하루의 시간들이
성장을 위한 밑거름이 되게 해 주시고
힘겨운 여정에서도 행복한 미래를 꿈꾸게 하소서.
당신께서 주시는 지혜로 이 고통의 시간들을 건너가게 하시고,
고통을 이겨 낸 사람만이 누릴 수 있는 참행복을 허락하소서.
우리 주 예수 그리스도를 통하여 비나이다. 아멘.

### 마침 기도

✚ 지혜의 근원이신 성부께서는 참생명에 이르는 길로 인도하시고,
은총의 샘이신 성자께서는 진리의 말씀을 깨닫게 하시며,
위로의 빛이신 성령께서는 힘과 용기를 북돋아 주시어, 저희로 하여금
언제나 바르고 선한 것만을 배우고 그 배운 바를 실천하게 하소서.
◉ 아멘.

### 마침 성가  가톨릭 성가 31번 '이 크신 모든 은혜'

# 54일

수험생을 위한 100일 기도 쉰네 번째 날을 시작하겠습니다.

## 배려할 줄 아는 부모가 되게 하소서

### 시작 성가

가톨릭 성가 18번 '주님을 부르던 날'

### 시작 기도

✚ 세상을 지극히 사랑하시어 성자 그리스도를 통해 구원의 신비를 드러내 보여 주신 주님은 찬미 받으소서.
◉ 하느님, 영원토록 찬미와 영광 받으소서.

**성경 말씀** 마르 11,20-25

이른 아침에 그들이 길을 가다가, 그 무화과나무가 뿌리째 말라 있는 것을 보았다. 베드로가 문득 생각이 나서 예수님께 말하였다. "스승님, 보십시오. 스승님께서 저주하신 무화과나무가 말라 버렸습니다." 그러자 예수님께서 제자들에게 말씀하셨다. "하느님을 믿어라. 내가 진실로 너희에게 말한다. 누구든지 이 산더러 '들려서 저 바다에 빠져라.' 하면서, 마음속으로 의심하지 않고 자기가 말하는 대로 이루어진다고 믿으면, 그대로 될 것이다. 그러므로 내가 너희에게 말한다. 너희가 기도하며 청하는 것이 무엇이든 그것을 이미 받은 줄로 믿어라. 그러면 너희에게 그대로 이루어질 것이다. 너희가 서서 기도할 때에 누군가에게 반감을 품고 있거든 용서하여라. 그래야 하늘에 계신 너희 아버지께서도 너희의 잘못을 용서해 주신다."

## 묵상 기도

잠시 말씀을 묵상한 후, 자녀를 위한 간절한 지향을 담아 침묵 중에 기도합니다. (3~5분)

## 묵주기도  빛의 신비
## 성인 호칭 기도
## 수험생을 위한 기도

✚ 기도합시다.
◉ 자비로우신 하느님, 평소에는 기도할 줄 모르던 저희가
요즘처럼 큰일을 앞두고서야 당신 앞에 나와 무릎을 꿇습니다.
그동안 아이들을 키우면서 제 뜻대로 자라 주지 않을 때면
감정을 이기지 못해 아이들을 거칠게 대하기도 했습니다.
또 마음의 문을 닫고 아이들을 외면해 버릴 때도 있었습니다.
그러나 참부모이신 주님은 끊임없는 용서와 사랑으로
저희를 이끌어 주셨습니다.
주님, 부모인 저희가 당신의 마음으로

아이들을 사랑하고 보살피게 하소서.
당신의 자비를 저희 마음속 깊은 곳에 심어 주시어
영혼에 해가 되는 악한 길에 들어설 때는 적절히 꾸짖되
인간적인 한계 때문에 저지르는 실수들로
아이들을 위축시키는 일은 하지 않게 하소서.
아이들의 마음을 읽어 주고 배려할 줄 아는 부모가 되게 하소서.
우리 주 예수 그리스도를 통하여 비나이다. 아멘.

### 마침 기도

✚ 지혜의 근원이신 성부께서는 참생명에 이르는 길로 인도하시고,
은총의 샘이신 성자께서는 진리의 말씀을 깨닫게 하시며,
위로의 빛이신 성령께서는 힘과 용기를 북돋아 주시어, 저희로 하여금
언제나 바르고 선한 것만을 배우고 그 배운 바를 실천하게 하소서.
◉ 아멘.

### 마침 성가  가톨릭 성가 10번 '주를 찬미해'

# 55일

수험생을 위한 100일 기도 쉰다섯 번째 날을 시작하겠습니다.

## 그리스도의 향기가 되게 하소서

### 시작 성가

가톨릭 성가 400번 '주님과 나는'

### 시작 기도

✚ 세상을 지극히 사랑하시어 성자 그리스도를 통해 구원의 신비를 드러내 보여 주신 주님은 찬미 받으소서.
◉ 하느님, 영원토록 찬미와 영광 받으소서.

**성경 말씀** 2코린 2,14-17

우리는 하느님께 감사드립니다. 그분께서는 늘 그리스도의 개선 행진에 우리를 데리고 다니시면서, 그리스도를 아는 지식의 향내가 우리를 통하여 곳곳에 퍼지게 하십니다. 구원받을 사람들에게나 멸망할 사람들에게나 우리는 하느님께 피어오르는 그리스도의 향기입니다. 멸망할 사람들에게는 죽음으로 이끄는 죽음의 향내고, 구원받을 사람들에게는 생명으로 이끄는 생명의 향내입니다. 그러나 누가 이러한 일을 할 자격이 있겠습니까? 우리는 하느님의 말씀으로 장사하는 다른 많은 사람과 같지 않습니다. 우리는 성실한 사람으로, 하느님의 파견을 받아 하느님 앞에서 또 그리스도 안에서 말합니다.

**묵상 기도**

잠시 말씀을 묵상한 후, 자녀를 위한 간절한 지향을 담아 침묵 중에 기도합니다. (3~5분)

**묵주기도  고통의 신비**

**성인 호칭 기도**

**수험생을 위한 기도**

✚ 기도합시다.
◉ 한처음 하늘과 땅을 창조하여 내어 주시고
그 안에 사는 모든 사람에게 은총의 숨을 불어넣어 주신 주님,
저희의 어두운 마음을 비추어 주시고 마음에 쌓인 허물을 씻어 주소서.
혼자서는 감당하기 버거워 막막해질 때에도
말없이 함께하고 있는 소중한 이들을 기억하며
각오를 새로이 다질 수 있도록 이끌어 주소서.
문득 혼자라는 외로움이 밀려올 때에도
당신께서는 저희 곁을 영원히 떠나지 않으시리라는

믿음을 잃어버리지 않게 해 주소서.
주님, 우리 아이들이 입시라는 무게에 눌려
무기력함에 휩싸일 때 성령의 빛을 비추어 주소서.
그래서 주변의 다른 사랑스러운 것들로 마음을 돌릴 줄 아는
넉넉함과 생기를 되찾게 해 주소서.
저희와 아이들의 발걸음에 힘을 북돋아 주시어
고된 여정에서도 그리스도의 향기가 되게 하소서.
우리 주 예수 그리스도를 통하여 비나이다. 아멘.

### 마침 기도

✚ 지혜의 근원이신 성부께서는 참생명에 이르는 길로 인도하시고,
은총의 샘이신 성자께서는 진리의 말씀을 깨닫게 하시며,
위로의 빛이신 성령께서는 힘과 용기를 북돋아 주시어, 저희로 하여금
언제나 바르고 선한 것만을 배우고 그 배운 바를 실천하게 하소서.
◉ 아멘.

### 마침 성가  가톨릭 성가 406번 '세상에 외치고 싶어'

# 56일

수험생을 위한 100일 기도 쉰여섯 번째 날을 시작하겠습니다.

## 사랑을 실천하게 하소서

**시작 성가**

가톨릭 성가 46번 '사랑의 송가'

**시작 기도**

✚ 세상을 지극히 사랑하시어 성자 그리스도를 통해 구원의 신비를 드러내 보여 주신 주님은 찬미 받으소서.
◉ 하느님, 영원토록 찬미와 영광 받으소서.

**성경 말씀**  1요한 4,7-12

사랑하는 여러분, 서로 사랑합시다. 사랑은 하느님에게서 오는 것이기 때문입니다. 사랑하는 이는 모두 하느님에게서 태어났으며 하느님을 압니다. 사랑하지 않는 사람은 하느님을 알지 못합니다. 하느님은 사랑이시기 때문입니다. 하느님의 사랑은 우리에게 이렇게 나타났습니다. 곧 하느님께서 당신의 외아드님을 세상에 보내시어 우리가 그분을 통하여 살게 해 주셨습니다. 그 사랑은 이렇습니다. 우리가 하느님을 사랑한 것이 아니라, 그분께서 우리를 사랑하시어 당신의 아드님을 우리 죄를 위한 속죄 제물로 보내 주신 것입니다. 사랑하는 여러분, 하느님께서 우리를 이렇게 사랑하셨으니 우리도 서로 사랑해야 합니다. 지금까지 하느님을 본 사람은 없습니다. 그러나 우리가 서로 사랑하면, 하느님께서 우리 안에 머무르시고 그분 사랑이 우리에게서 완성됩니다.

### 묵상 기도

잠시 말씀을 묵상한 후, 자녀를 위한 간절한 지향을 담아 침묵 중에 기도합니다. (3~5분)

### 묵주기도  영광의 신비
### 성인 호칭 기도
### 수험생을 위한 기도

✚ 기도합시다.
◉ 저희 마음에 사랑의 씨앗을 심어 주신 하느님,
죄에 짓눌려 신음하는 저희를 사랑하시어 외아들 예수님을
구원의 희생 제물로 내어 주신 당신께 감사를 드립니다.
저희를 당신의 백성으로 선택하시고,
저희 곁에 머물러 주심에도 감사드립니다.
그러나 주님, 저희는 어리석게도
당신께 받은 사랑을 삶으로 실천하는 데에 둔하기만 합니다.
성령께서는 저희의 우둔함을 일깨워 주시고

사랑을 향해 움직이도록 이끌어 주시며
그 사랑에서 떨어져 나가지 못하게 해 주십니다.
하느님, 외아들 예수님을 통해 보여 주신 고귀한 사랑을
믿음 속에서 체험하고, 먼저 가족 안에서 실천할 수 있게 하소서.
사랑도 성령께로부터 오고,
사랑을 실천할 힘도 성령께로부터 온다는 것을 아오니
늘 기도로 길을 찾고, 은혜를 청하는 사람이 되게 하소서.
우리 주 예수 그리스도를 통하여 비나이다. 아멘.

### 마침 기도

✠ 지혜의 근원이신 성부께서는 참생명에 이르는 길로 인도하시고,
은총의 샘이신 성자께서는 진리의 말씀을 깨닫게 하시며,
위로의 빛이신 성령께서는 힘과 용기를 북돋아 주시어, 저희로 하여금
언제나 바르고 선한 것만을 배우고 그 배운 바를 실천하게 하소서.
◉ 아멘.

### 마침 성가   가톨릭 성가 414번 '사랑하는 사람은 누구나'

# 57일

수험생을 위한 100일 기도 쉰일곱 번째 날을 시작하겠습니다.

## 가정에 평화를 주소서

### 시작 성가

가톨릭 성가 44번 '평화를 주옵소서'

### 시작 기도

✚ 세상을 지극히 사랑하시어 성자 그리스도를 통해 구원의 신비를 드러내 보여 주신 주님은 찬미 받으소서.

◉ 하느님, 영원토록 찬미와 영광 받으소서.

**성경 말씀** 집회 18,8-14

인간은 무엇인가, 무슨 가치가 있는가? 그의 선함은 무엇이고 악함은 무엇인가? 인간의 수명은 기껏 백 년이지만 영면의 시간은 누구도 헤아릴 수 없다. 바다의 물 한 방울과 모래 한 알처럼 인간의 수명은 영원의 날수 안에서 불과 몇 해일 뿐이다. 이 때문에 주님께서는 사람들에게 인내심을 보이시고 그들에게 당신 자비를 쏟으신다. 그분께서는 그들의 종말이 얼마나 비참한지를 보고 아시며 그런 까닭에 당신의 용서를 넘치도록 베푸신다. 인간의 자비는 제 이웃에게 미치지만 주님의 자비는 모든 생명체에 미친다. 그분께서는 그들을 꾸짖고 훈육하고 가르치시며 목자처럼 당신 양 떼를 돌아오게 하신다. 그분께서는 교훈을 받아들이는 이와 당신의 규정을 열심히 따르는 이들에게 자비를 보이신다.

### 묵상 기도

잠시 말씀을 묵상한 후, 자녀를 위한 간절한 지향을 담아 침묵 중에 기도합니다. (3~5분)

### 묵주기도  환희의 신비
### 성인 호칭 기도
### 수험생을 위한 기도

✚ 기도합시다.
◉ 주님, 저희 가정을 당신께 봉헌합니다.
왠지 모를 두려움과 근심,
결과에 대해 미리 걱정하고 불안해하는 마음을
모두 당신께 봉헌합니다.
저희 가족이 서로 주고받는 말들이나
순간순간 일어나는 감정들도
주님 안에서 다스릴 수 있게 하시어
서로를 탓하기보다는 서로를 격려하게 하소서.

카나의 혼인 잔치에서 아직 때가 이르지 않았지만
어머니의 뜻에 순명하여 첫 기적을 행하신 예수님처럼
저희 아이들도 부모의 가르침을 사랑으로 따르게 하소서.
저희도 아이들의 말에 귀 기울이고 의견을 존중해 주며
아이들이 사랑받고 있음을 느낄 수 있도록 노력하게 하소서.
주님, 기도하는 저희 가정을
사랑으로 충만하게 하시고 평화를 주소서.
우리 주 예수 그리스도를 통하여 비나이다. 아멘.

### 마침 기도

✚ 지혜의 근원이신 성부께서는 참생명에 이르는 길로 인도하시고,
은총의 샘이신 성자께서는 진리의 말씀을 깨닫게 하시며,
위로의 빛이신 성령께서는 힘과 용기를 북돋아 주시어, 저희로 하여금
언제나 바르고 선한 것만을 배우고 그 배운 바를 실천하게 하소서.
◉ 아멘.

### 마침 성가   가톨릭 성가 69번 '지극히 거룩한 성전'

# 58일

수험생을 위한 100일 기도 쉰여덟 번째 날을 시작하겠습니다.

## 섬기는 사람이 되게 하소서

### 시작 성가

가톨릭 성가 501번 '받으소서 우리 마음'

### 시작 기도

✚ 세상을 지극히 사랑하시어 성자 그리스도를 통해 구원의 신비를 드러내 보여 주신 주님은 찬미 받으소서.

◉ 하느님, 영원토록 찬미와 영광 받으소서.

**성경 말씀** **루카 22,24-27**

사도들 가운데에서 누구를 가장 높은 사람으로 볼 것이냐는 문제로 말다툼이 벌어졌다. 그러자 예수님께서 그들에게 이르셨다. "민족들을 지배하는 임금들은 백성 위에 군림하고, 민족들에게 권세를 부리는 자들은 자신을 은인이라고 부르게 한다. 그러나 너희는 그렇게 해서는 안 된다. 너희 가운데에서 가장 높은 사람은 가장 어린 사람처럼 되어야 하고 지도자는 섬기는 사람처럼 되어야 한다. 누가 더 높으냐? 식탁에 앉은 이냐, 아니면 시중들며 섬기는 이냐? 식탁에 앉은 이가 아니냐? 그러나 나는 섬기는 사람으로 너희 가운데에 있다."

**묵상 기도**

잠시 말씀을 묵상한 후, 자녀를 위한 간절한 지향을 담아 침묵 중에 기도합니다. (3~5분)

**묵주기도** 빛의 신비

**성인 호칭 기도**

**수험생을 위한 기도**

✠ 기도합시다.
◉ 저희의 마음을 속속들이 알고 계시는 하느님,
가난하고 보잘것없는 마음으로 드리는
저희의 찬미와 사랑을 받아 주십시오.
지혜롭지도, 똑똑하지도, 능력이 뛰어나지도
그렇다고 겸손하지도 못한
저희를 불러 주시어 당신의 자녀로 삼아 주시니
오롯이 감사드릴 뿐입니다.
저와 저희 가족, 그리고 교회 공동체가

부름 받은 이로서 그 직분을 다할 수 있도록 은총 내려 주소서.
섬김을 받으러 온 것이 아니라 섬기러 왔다고 하셨던 말씀 그대로
당신 친히 섬김의 삶을 보여 주신 예수님,
저희 아이들도 단지 성공을 위해 시험을 치르는 것이 아니라
이웃을 섬기는 사랑의 길을 가기 위해
이 어려운 과정을 걸어가고 있음을 깨닫게 하소서.
우리 주 예수 그리스도를 통하여 비나이다. 아멘.

### 마침 기도

✚ 지혜의 근원이신 성부께서는 참생명에 이르는 길로 인도하시고,
은총의 샘이신 성자께서는 진리의 말씀을 깨닫게 하시며,
위로의 빛이신 성령께서는 힘과 용기를 북돋아 주시어, 저희로 하여금
언제나 바르고 선한 것만을 배우고 그 배운 바를 실천하게 하소서.
◉ 아멘.

### 마침 성가  가톨릭 성가 76번 '그리스도 왕국'

# 59일

수험생을 위한 100일 기도 쉰아홉 번째 날을 시작하겠습니다.

## 희망 속에서 기뻐하게 하소서

### 시작 성가

가톨릭 성가 421번 '나는 세상의 빛입니다'

### 시작 기도

✚ 세상을 지극히 사랑하시어 성자 그리스도를 통해 구원의 신비를 드러내 보여 주신 주님은 찬미 받으소서.

◉ 하느님, 영원토록 찬미와 영광 받으소서.

**성경 말씀** 사도 2,22-26

"이스라엘인 여러분, 이 말을 들으십시오. 여러분도 알다시피, 나자렛 사람 예수님은 하느님께서 여러 기적과 이적과 표징으로 여러분에게 확인해 주신 분이십니다. 하느님께서 그분을 통하여 여러분 가운데에서 그것들을 일으키셨습니다. 하느님께서 미리 정하신 계획과 예지에 따라 여러분에게 넘겨지신 그분을, 여러분은 무법자들의 손을 빌려 십자가에 못 박아 죽였습니다. 그러나 하느님께서는 그분을 죽음의 고통에서 풀어 다시 살리셨습니다. 그분께서는 죽음에 사로잡혀 계실 수가 없었던 것입니다. 그래서 다윗이 그분을 두고 이렇게 말합니다. '나 언제나 주님을 내 앞에 모시어 그분께서 내 오른쪽에 계시니 나는 흔들리지 않는다. 그러기에 내 마음은 기뻐하고 내 혀는 즐거워하였다. 내 육신마저 희망 속에 살리라.'"

### 묵상 기도

잠시 말씀을 묵상한 후, 자녀를 위한 간절한 지향을 담아 침묵 중에 기도합니다. (3~5분)

### 묵주기도  고통의 신비
### 성인 호칭 기도
### 수험생을 위한 기도

✚ 기도합시다.
◉ 주님, 답답하고 막연한 심경을 아뢰기 위해
당신 앞에 무릎을 꿇었습니다.
깜깜할 뿐 한 가닥 빛도 없는 막막한 상황에서도
주님께 바라고 신뢰하는 가운데
희망에 찬 미래가 열린다는 것을 체험해 왔기에
저희의 발걸음을 인도해 주시기를 청합니다.
시간에 쫓겨 발을 동동 구르며 공부하는 아이들을 보고 있노라면
차라리 제가 이 고통을 대신 치러 주고 싶은

안타까움에 가슴이 미어집니다.
그러나 주님께서는 저희가 도저히 감당할 수 없는 십자가를
억지로 지우시는 분이 아님을 알고 있습니다.
주님, 저희 아이들에게 몸과 마음의 건강을 허락해 주소서.
그리고 어려움 속에서도 의기소침해지지 않으며
희망 속에서 기뻐하게 하소서.
우리 주 예수 그리스도를 통하여 비나이다. 아멘.

### 마침 기도

✚ 지혜의 근원이신 성부께서는 참생명에 이르는 길로 인도하시고,
은총의 샘이신 성자께서는 진리의 말씀을 깨닫게 하시며,
위로의 빛이신 성령께서는 힘과 용기를 북돋아 주시어, 저희로 하여금
언제나 바르고 선한 것만을 배우고 그 배운 바를 실천하게 하소서.
◉ 아멘.

### 마침 성가  가톨릭 성가 149번 '어두움의 빛이신 성령'

# 60일 수험생을 위한 100일 기도 예순 번째 날을 시작하겠습니다.

## 주님의 진리를 찾게 하소서

### 시작 성가

가톨릭 성가 180번 '주님의 작은 그릇'

### 시작 기도

✚ 세상을 지극히 사랑하시어 성자 그리스도를 통해 구원의 신비를 드러내 보여 주신 주님은 찬미 받으소서.
◉ 하느님, 영원토록 찬미와 영광 받으소서.

**성경 말씀** 야고 1,2-8

나의 형제 여러분, 갖가지 시련에 빠지게 되면 그것을 다시없는 기쁨으로 여기십시오. 여러분도 알고 있듯이, 여러분의 믿음이 시험을 받으면 인내가 생겨납니다. 그 인내가 완전한 효력을 내도록 하십시오. 그리하면 모든 면에서 모자람 없이 완전하고 온전한 사람이 될 것입니다. 여러분 가운데에 누구든지 지혜가 모자라면 하느님께 청하십시오. 하느님은 모든 사람에게 너그럽게 베푸시고 나무라지 않으시는 분이십니다. 그러면 받을 것입니다. 그러나 결코 의심하는 일 없이 믿음을 가지고 청해야 합니다. 의심하는 사람은 바람에 밀려 출렁이는 바다 물결과 같습니다. 그러한 사람은 주님에게서 아무것도 받을 생각을 말아야 합니다. 그는 두 마음을 품은 사람으로 어떠한 길을 걷든 안정을 찾지 못합니다.

### 묵상 기도

잠시 말씀을 묵상한 후, 자녀를 위한 간절한 지향을 담아 침묵 중에 기도합니다. (3~5분)

### 묵주기도  영광의 신비
### 성인 호칭 기도
### 수험생을 위한 기도

✚ 기도합시다.
◉ 주님, 당신의 영으로 빚으신 작은 그릇들이 있습니다.
저희는 주님께서 베풀어 주신 은총에 감사드리며,
저희 삶에 가장 아름다운 선물인 아이들을
주님의 사람으로 키우고자 정성을 다해 기도합니다.
저희의 진심 어린 바람을 받아 주시고
아이들에게 건네는 사랑의 손길을 축복해 주소서.
진리로 우리를 자유롭게 하시는 주님,
저희와 아이의 삶이

함께 진리를 찾아가는 사랑의 여행길 되게 하시고
마침내 당신께 영광을 드리게 하소서.
공부에 지친 아이들을 도와주시고, 영육 간의 건강을 허락하소서.
앞으로 치러야 할 시험 때문에
마음이 가리어져 주님을 잊지 않게 하소서.
오히려 힘겨울수록 더 자주 주님을 기억하는
지혜와 은총을 허락하소서.
우리 주 예수 그리스도를 통하여 비나이다. 아멘.

### 마침 기도

✚ 지혜의 근원이신 성부께서는 참생명에 이르는 길로 인도하시고,
은총의 샘이신 성자께서는 진리의 말씀을 깨닫게 하시며,
위로의 빛이신 성령께서는 힘과 용기를 북돋아 주시어, 저희로 하여금
언제나 바르고 선한 것만을 배우고 그 배운 바를 실천하게 하소서.
◉ 아멘.

### 마침 성가   가톨릭 성가 143번 '진리의 성령'

# 7 마당

## 우리에게 필요한 참지식과 분별의 지혜를 주시는 주 예수님은 찬미 받으소서

# 61일

수험생을 위한 100일 기도 예순한 번째 날을 시작하겠습니다.

## 절망하지 않게 하소서

**시작 성가**

가톨릭 성가 517번 '내가 절망 속에'

**시작 기도**

✚ 우리에게 필요한 참지식과 분별의 지혜를 주시는 주 예수님은 찬미 받으소서.
◉ 하느님, 영원토록 찬미와 영광 받으소서.

**성경 말씀** 시편 86,1-10

주님, 귀를 기울이시어 제게 응답하소서. 가련하고 불쌍한 이 몸입니다. 제 영혼을 지켜 주소서. 당신께 충실한 이 몸입니다. 당신은 저의 하느님 당신을 신뢰하는 이 종을 구해 주소서. 당신께 온종일 부르짖으니 주님, 저에게 자비를 베푸소서. 당신께 제 영혼을 들어 올리니 주님, 당신 종의 영혼을 기쁘게 하소서. 주님, 당신은 어지시고 기꺼이 용서하시는 분 당신을 부르는 모든 이에게 자애가 크십니다. 주님, 제 기도에 귀를 기울이시고 제 애원하는 소리를 귀여겨들으소서. 당신께서 제게 응답해 주시리니 곤경의 날 제가 당신께 부르짖습니다. 주님, 신들 가운데 당신 같은 이 없습니다. 당신의 업적 같은 것이 없습니다. 주님, 당신께서 만드신 모든 민족들이 와서 당신 앞에 엎드려 당신 이름에 영광을 드리리이다. 당신은 위대하시며 기적을 일으키시는 분이시니 당신 홀로 하느님이십니다.

**묵상 기도**

잠시 말씀을 묵상한 후, 자녀를 위한 간절한 지향을 담아 침묵 중에 기도합니다. (3~5분)

**묵주기도  환희의 신비**
**성인 호칭 기도**
**수험생을 위한 기도**

✚ 기도합시다.
◉ 고독과 소외 속에서 십자가에 달리신 주님,
사랑과 정성으로 키운 아이들이 이제 다 컸다며
부모인 저희를 외면하고 제 갈 길만 달려가려 합니다.
그러나 주님, 저희가 섭섭해하거나 노여워하지 말게 하소서.
저희가 부모의 사랑을 먹고 자랐듯이
저희도 아이들을 위해
끝까지 자신을 내어 주는 삶에 인색하지 않게 하소서.
오늘 저희가 맛보는 소외감도 아이들을 어른으로 성장시키기 위한 희생의 일부임을 기억하게 하소서.
주님, 저희가 소외감과 절망감에 휩싸여 헤맬 때 당신을 기억하게 하소서.
어떤 상황에서도 긍정적 시선으로 희망을 찾게 하소서.
그리고 저희 아이들에게도 희망의 메시지를 전하는 부모 되게 하소서.
앞이 보이지 않는 안개 속 같은 현실 앞에서도
주님께 희망을 두게 하시고
주님께서 저희 가정을 돌보고 계심을 기억하게 하소서.
우리 주 예수 그리스도를 통하여 비나이다. 아멘.

### 마침 기도

✚ 지혜의 근원이신 성부께서는 참생명에 이르는 길로 인도하시고,
은총의 샘이신 성자께서는 진리의 말씀을 깨닫게 하시며,
위로의 빛이신 성령께서는 힘과 용기를 북돋아 주시어, 저희로 하여금
언제나 바르고 선한 것만을 배우고 그 배운 바를 실천하게 하소서.
◉ 아멘.

### 마침 성가  가톨릭 성가 414번 '사랑하는 사람은 누구나'

# 62일

수험생을 위한 100일 기도 예순두 번째 날을 시작하겠습니다.

## 세례의 물로 깨끗이 씻어 주소서

### 시작 성가

가톨릭 성가 38번 '행복하여라'

### 시작 기도

✚ 우리에게 필요한 참지식과 분별의 지혜를 주시는 주 예수님은 찬미 받으소서.

◉ 하느님, 영원토록 찬미와 영광 받으소서.

**성경 말씀**  사도 10,34-38

베드로가 입을 열어 말하였다. "나는 이제 참으로 깨달았습니다. 하느님께서는 사람을 차별하지 않으시고, 어떤 민족에서건 당신을 경외하며 의로운 일을 하는 사람은 다 받아 주십니다. 하느님께서 예수 그리스도 곧 만민의 주님을 통하여 평화의 복음을 전하시면서 이스라엘 자손들에게 보내신 말씀을 여러분은 알고 있습니다. 그리고 요한이 세례를 선포한 이래 갈릴래아에서 시작하여 온 유다 지방에 걸쳐 일어난 일과, 하느님께서 나자렛 출신 예수님께 성령과 힘을 부어 주신 일도 알고 있습니다. 이 예수님께서 두루 다니시며 좋은 일을 하시고 악마에게 짓눌리는 이들을 모두 고쳐 주셨습니다. 하느님께서 그분과 함께 계셨기 때문입니다."

**묵상 기도**

잠시 말씀을 묵상한 후, 자녀를 위한 간절한 지향을 담아 침묵 중에 기도합니다. (3~5분)

**묵주기도  빛의 신비**

**성인 호칭 기도**

**수험생을 위한 기도**

✚ 기도합시다.
◉ 주님, 성령의 빛으로 우리의 몸과 마음을 밝혀 주소서.
입시만이 전부인 양, 거기에 매달려 있는 저희의 어리석음을
성령께서 주시는 은총으로 깨우쳐 주소서.
저희 아이들은 신앙생활을 소홀히 여기며 하느님에게서 멀어졌고,
부모 된 저희도 아이들의 신앙생활을 챙기지 못했습니다.
아이들의 믿음을 키워 주기보다는
성적을 올리는 데 더 마음을 썼던 적도 많았습니다.
주님, '반짝 기도'로 원하는 결과만을 얻으려는

욕심이 있었다면 용서해 주시고
세례의 물로 저희의 마음을 깨끗이 씻어 주소서.
주님, 아이들에게 진정 소중한 것이 무엇인지 돌아봅니다.
아이들이 시험에만 매달려 소중한 것들을 놓치지 않도록
주님께서 도와주시고 보살펴 주소서.
아이들이 신앙의 눈을 뜨고 당신 뜻에 맞갖는 길을 가도록
당신 친히 아이들의 발걸음을 비추는 등불이 되어 주소서.
우리 주 예수 그리스도를 통하여 비나이다. 아멘.

### 마침 기도

✚ 지혜의 근원이신 성부께서는 참생명에 이르는 길로 인도하시고,
은총의 샘이신 성자께서는 진리의 말씀을 깨닫게 하시며,
위로의 빛이신 성령께서는 힘과 용기를 북돋아 주시어, 저희로 하여금
언제나 바르고 선한 것만을 배우고 그 배운 바를 실천하게 하소서.
◉ 아멘.

### 마침 성가   가톨릭 성가 479번 '기쁜 날'

## 63일 수험생을 위한 100일 기도 예순세 번째 날을 시작하겠습니다.

# 푸른 나무처럼 성장하게 하소서

### 시작 성가

가톨릭 성가 471번 '강물처럼 흐르는 사랑'

### 시작 기도

✚ 우리에게 필요한 참지식과 분별의 지혜를 주시는 주 예수님은 찬미 받으소서.
◉ 하느님, 영원토록 찬미와 영광 받으소서.

**성경 말씀** 시편 1,1-6

행복하여라! 악인들의 뜻에 따라 걷지 않고 죄인들의 길에 들지 않으며 오만한 자들의 자리에 앉지 않는 사람, 오히려 주님의 가르침을 좋아하고 그분의 가르침을 밤낮으로 되새기는 사람. 그는 시냇가에 심겨 제때에 열매를 내며 잎이 시들지 않는 나무와 같아 하는 일마다 잘되리라. 악인들은 그렇지 않으니 바람에 흩어지는 겨와 같아라. 그러므로 악인들이 심판 때에, 죄인들이 의인들의 모임에 감히 서지 못하리라. 의인들의 길은 주님께서 알고 계시고 악인들의 길은 멸망에 이르기 때문일세.

### 묵상 기도

잠시 말씀을 묵상한 후, 자녀를 위한 간절한 지향을 담아 침묵 중에 기도합니다. (3~5분)

### 묵주기도  고통의 신비
### 성인 호칭 기도
### 수험생을 위한 기도

✚ 기도합시다.

◉ 주님, 새하얀 눈을 가득 안고 있는 겨울 나무의 모습에서
매서운 바람도 빼앗을 수 없던
새 봄을 향한 묵묵한 기다림과 희망을 봅니다.
따뜻한 그 날이 오면 나무들은 가지마다
새순을 틔우고 꽃을 피우고 먹음직한 열매들을 주렁주렁 맺겠지요.
생명의 신비 앞에선 언제나 마음 숙연해집니다.
그렇게 풋풋한 생명을 품고 있는 나무들을 바라보며
저희 아이들을 떠올리게 됩니다.

저 나무들처럼 저희 아이들도 인고의 시간을 보낸 후
푸르디푸르게 성장해 있으리라 믿습니다.
사랑이신 주님, 지칠 때마다 우리 아이들을 격려해 주시고
길을 잃고 헤맬 때면 희망의 등불을 밝혀 주소서.
언제나 저희에게 용기를 주시는 주님, 사랑합니다.
저희가 어떤 모습으로 서 있어도 따뜻하게 안아 주시는
주님, 사랑합니다.
우리 주 예수 그리스도를 통하여 비나이다. 아멘.

### 마침 기도

✚ 지혜의 근원이신 성부께서는 참생명에 이르는 길로 인도하시고,
은총의 샘이신 성자께서는 진리의 말씀을 깨닫게 하시며,
위로의 빛이신 성령께서는 힘과 용기를 북돋아 주시어, 저희로 하여금
언제나 바르고 선한 것만을 배우고 그 배운 바를 실천하게 하소서.
◉ 아멘.

### 마침 성가  가톨릭 성가 453번 '푸르른 시냇가의'

# 64일

수험생을 위한 100일 기도 예순네 번째 날을 시작하겠습니다.

## 힘들 때 주님을 떠올리게 하소서

**시작 성가**

가톨릭 성가 439번 '부드러운 주의 손이'

**시작 기도**

✚ 우리에게 필요한 참지식과 분별의 지혜를 주시는 주 예수님은 찬미 받으소서.
◉ 하느님, 영원토록 찬미와 영광 받으소서.

**성경 말씀** 1역대 16,8-12.23-25

주님을 찬송하여라. 그 이름을 받들어 불러라. 그 업적을 민족들에게 알려라. 그분께 노래하여라. 그분께 찬미 노래 불러라. 그 모든 기적을 이야기하여라. 그분의 거룩하신 이름을 자랑하여라. 주님을 찾는 이들의 마음은 기뻐하여라. 주님과 그 권능을 구하여라. 언제나 그 얼굴을 찾아라. 그분께서 이루신 기적들을, 그 이적들과 그 입으로 내리신 판결들을 기억하여라.

주님께 노래하여라, 온 세상아. 나날이 선포하여라, 그분의 구원을. 전하여라, 겨레들에게 그분의 영광을 모든 민족들에게 그분의 기적들을. 주님은 위대하시고 드높이 찬양받으실 분, 모든 신들 위에 경외로우신 분이시다.

**묵상 기도**

잠시 말씀을 묵상한 후, 자녀를 위한 간절한 지향을 담아 침묵 중에 기도합니다. (3~5분)

**묵주기도  영광의 신비**
**성인 호칭 기도**
**수험생을 위한 기도**

✚ 기도합시다.
◉ 하느님, 당신 앞에 서면
이 작은 가슴으로는 다 담을 수 없는 깊고 큰 사랑을 느낍니다.
주님의 그 크신 사랑으로 저희의 부족한 믿음을 깨워 주소서.
저희의 부족한 믿음으로, 아이들은 주님을 찾기보다
다른 곳에서 자신들이 기댈 곳을 찾고 있는 것 같습니다.
더욱이 어려운 일이 있을 때에만 주님을 찾곤 하는 저희의 얄팍한 신앙을
아이들이 그대로 닮아 가는 듯해 안타까울 뿐입니다.
아이들이 저희의 모습을 보며 당신을 느낄 수 있도록

저희의 삶이 모범이 되도록 이끌어 주소서.
소중하고 아름다운 시간들을 마음껏 누리지 못하고
오직 책과 씨름하고 있는 저희 아이들에게
부모의 기도가 힘과 용기가 되게 하소서.
우리 아이들이 힘들 때마다 주님을 제일 먼저 떠올리고
어떤 상황에서도 흔들림 없이 주님을 신뢰할 수 있도록
저희 아이들의 손을 꼭 잡아 주소서.
우리 주 예수 그리스도를 통하여 비나이다. 아멘.

### 마침 기도

✚ 지혜의 근원이신 성부께서는 참생명에 이르는 길로 인도하시고,
은총의 샘이신 성자께서는 진리의 말씀을 깨닫게 하시며,
위로의 빛이신 성령께서는 힘과 용기를 북돋아 주시어, 저희로 하여금
언제나 바르고 선한 것만을 배우고 그 배운 바를 실천하게 하소서.
◉ 아멘.

### 마침 성가   가톨릭 성가 179번 '주의 사랑 전하리'

# 65일 수험생을 위한 100일 기도 예순다섯 번째 날을 시작하겠습니다.

## 주님 안에서 쉬게 하소서

### 시작 성가

가톨릭 성가 21번 '지극히 전능하신 주여'

### 시작 기도

✚ 우리에게 필요한 참지식과 분별의 지혜를 주시는 주 예수님은 찬미 받으소서.
◉ 하느님, 영원토록 찬미와 영광 받으소서.

**성경 말씀**  로마 8,26-30

성령께서도 나약한 우리를 도와주십니다. 우리는 올바른 방식으로 기도할 줄 모르지만, 성령께서 몸소 말로 다할 수 없이 탄식하시며 우리를 대신하여 간구해 주십니다. 마음속까지 살펴보시는 분께서는 이러한 성령의 생각이 무엇인지 아십니다. 성령께서 하느님의 뜻에 따라 성도들을 위하여 간구하시기 때문입니다. 하느님을 사랑하는 이들, 그분의 계획에 따라 부르심을 받은 이들에게는 모든 것이 함께 작용하여 선을 이룬다는 것을 우리는 압니다. 하느님께서는 미리 뽑으신 이들을 당신의 아드님과 같은 모상이 되도록 미리 정하셨습니다. 그리하여 그 아드님께서 많은 형제 가운데 맏이가 되게 하셨습니다. 그렇게 미리 정하신 이들을 또한 부르셨고, 부르신 이들을 또한 의롭게 하셨으며, 의롭게 하신 이들을 또한 영광스럽게 해 주셨습니다.

**묵상 기도**

잠시 말씀을 묵상한 후, 자녀를 위한 간절한 지향을 담아 침묵 중에 기도합니다. (3~5분)

**묵주기도**  환희의 신비
**성인 호칭 기도**
**수험생을 위한 기도**

✚ 기도합시다.
◉ 사랑의 주님,
멋모르고 살아온 지난 시간들을 되돌아 봅니다.
왜 그리 어리석었는지
생각하면 할수록 아쉽고 후회스럽기만 합니다.
쓸데없이 바쁘기만 했고
잠시 스쳐가는 일에 마음을 빼앗기며 살았습니다.
그러는 동안 세월은 화살처럼 흘렀고
아이들은 어느새 자라서

저희 곁에 머물려 하지 않습니다.
아이들만 보고 바삐 살아온 시간을 돌아보며
이제는 아이들과 함께 기도하면서
참된 쉼을 즐기는 시간이 되게 하소서.
주님과 함께하는 시간이야말로
모든 피곤과 노고를 씻는 쉼이 되게 하소서.
우리 주 예수 그리스도를 통하여 비나이다. 아멘.

**마침 기도**

✚ 지혜의 근원이신 성부께서는 참생명에 이르는 길로 인도하시고,
은총의 샘이신 성자께서는 진리의 말씀을 깨닫게 하시며,
위로의 빛이신 성령께서는 힘과 용기를 북돋아 주시어, 저희로 하여금
언제나 바르고 선한 것만을 배우고 그 배운 바를 실천하게 하소서.
◉ 아멘.

**마침 성가**  가톨릭 성가 78번 '영광의 왕께 찬미를'

# 66일

수험생을 위한 100일 기도 예순여섯 번째 날을 시작하겠습니다.

## 사랑을 나누는 이가 되게 하소서

### 시작 성가

가톨릭 성가 471번 '강물처럼 흐르는 사랑'

### 시작 기도

✚ 우리에게 필요한 참지식과 분별의 지혜를 주시는 주 예수님은 찬미 받으소서.

◉ 하느님, 영원토록 찬미와 영광 받으소서.

**성경 말씀**  1요한 2,6-11

그분 안에 머무른다고 말하는 사람은 자기도 그리스도께서 살아가신 것처럼 그렇게 살아가야 합니다. 사랑하는 여러분, 내가 여러분에게 써 보내는 것은 새 계명이 아니라, 여러분이 처음부터 지녀 온 옛 계명입니다. 이 옛 계명은 여러분이 들은 그 말씀입니다. 그러면서도 내가 여러분에게 써 보내는 것은 새 계명입니다. 그것은 그리스도께도 또 여러분에게도 참된 사실입니다. 어둠이 지나가고 이미 참빛이 비치고 있기 때문입니다. 빛 속에 있다고 말하면서 자기 형제를 미워하는 사람은 아직도 어둠 속에 있는 자입니다. 자기 형제를 사랑하는 사람은 빛 속에 머무르고, 그에게는 걸림돌이 없습니다. 그러나 자기 형제를 미워하는 자는 어둠 속에 있습니다. 그는 어둠 속에서 살아가면서 자기가 어디로 가는지 모릅니다. 어둠이 그의 눈을 멀게 하였기 때문입니다.

**묵상 기도**

잠시 말씀을 묵상한 후, 자녀를 위한 간절한 지향을 담아 침묵 중에 기도합니다. (3~5분)

**묵주기도  빛의 신비**
**성인 호칭 기도**
**수험생을 위한 기도**

✚ 기도합시다.
◉ 사랑의 이름으로 오시는 주님,
아낌없이 모든 것을 내어 주시는 당신의 사랑에
흠숭과 영광을 드립니다.
성체와 성혈로 오시는 당신을 모시고 살아가기에
저희와 저희 아이들도 당신처럼
사랑을 나누는 사람이 되게 하소서.
저희에게 온전히 내어 주신 그 사랑이
저희를 당신의 몸과 피가 되게 하셨으니,

말과 마음뿐 아니라
행동과 생명까지도 나눌 수 있는 사람이 되게 하소서.
주님, 저와 저희 아이가 지닌 재능과 지혜는
당신께서 주신 소중한 선물입니다.
그 재능과 지혜로 최선을 다해 공부에 매진함으로써
하느님과 이웃을 온전히 섬기는 이 되게 하소서.
우리 주 예수 그리스도를 통하여 비나이다. 아멘.

**마침 기도**

✚ 지혜의 근원이신 성부께서는 참생명에 이르는 길로 인도하시고,
은총의 샘이신 성자께서는 진리의 말씀을 깨닫게 하시며,
위로의 빛이신 성령께서는 힘과 용기를 북돋아 주시어, 저희로 하여금
언제나 바르고 선한 것만을 배우고 그 배운 바를 실천하게 하소서.
◉ 아멘.

**마침 성가** 가톨릭 성가 415번 '사랑이 없으면'

# 67일

수험생을 위한 100일 기도 예순일곱 번째 날을 시작하겠습니다.

## 감사하게 하소서

**시작 성가**

가톨릭 성가 438번 '주께 감사 드리자'

**시작 기도**

✚ 우리에게 필요한 참지식과 분별의 지혜를 주시는 주 예수님은 찬미 받으소서.
◉ 하느님, 영원토록 찬미와 영광 받으소서.

**성경 말씀** 시편 107,8-15

주님께 감사하여라, 그 자애를 사람들을 위한 그 기적들을. 그분께서는 목마른 이에게 물을 먹이시고 배고픈 이를 좋은 것으로 채우셨다. 비참과 쇠사슬에 묶인 채 어둡고 캄캄한 곳에 앉아 있던 그들. 하느님의 말씀을 거역하고 지극히 높으신 분의 뜻을 업신여긴 탓이다. 그분께서 고통으로 그들의 마음을 꺾으시니 그들은 도와주는 이 없이 비틀거렸다. 이 곤경 속에서 그들이 주님께 소리치자 난관에서 그들을 구하셨다. 그들을 어둡고 캄캄한 곳에서 이끌어 내시고 그들의 사슬을 끊어 주셨다. 주님께 감사하여라, 그 자애를 사람들을 위한 그 기적들을.

**묵상 기도**

잠시 말씀을 묵상한 후, 자녀를 위한 간절한 지향을 담아 침묵 중에 기도합니다. (3~5분)

**묵주기도 고통의 신비**
**성인 호칭 기도**
**수험생을 위한 기도**

✚ 기도합시다.
◉ 주님, 저희가 필요할 때마다
곁에서 지켜 주시고 돌보아 주심에 감사드립니다.
'나의 주님, 나의 하느님'이라고
친근하게 부를 수 있게 해 주심에도,
당신을 부를 때마다 마음속 깊은 곳까지 내려오셔서
저희에게 새 힘을 주심에도 감사를 드립니다.
저희 아이들이 시험을 준비하면서
고통스럽기도 하고 두렵기도 하겠지만

이런 어려움 속에서도 기쁨을 찾을 줄 아는 밝은 눈을 주소서.
아이들이 최선을 다했다면 그 결과에 대해서는 연연해 하지 않게 하소서.
주님은 저희의 사정을 누구보다도 잘 아시며
참으로 필요한 것이 무엇인지도 알고 계십니다.
주님이 어떤 결과를 주시든지 감사하는 마음으로 기쁘게 받아들이겠습니다.
지금까지 베풀어 주신 모든 은혜에 감사드리고,
앞으로 주실 축복에 대해서도 미리 감사드리는 저희가 되게 하소서.
우리 주 예수 그리스도를 통하여 비나이다. 아멘.

### 마침 기도

✚ 지혜의 근원이신 성부께서는 참생명에 이르는 길로 인도하시고,
은총의 샘이신 성자께서는 진리의 말씀을 깨닫게 하시며,
위로의 빛이신 성령께서는 힘과 용기를 북돋아 주시어, 저희로 하여금
언제나 바르고 선한 것만을 배우고 그 배운 바를 실천하게 하소서.
◉ 아멘.

### 마침 성가   가톨릭 성가 77번 '주 천주의 권능과'

# 68일

수험생을 위한 100일 기도 예순여덟 번째 날을 시작하겠습니다.

## 이 모든 봉헌을 받으소서

### 시작 성가

가톨릭 성가 340번 '봉헌'

### 시작 기도

✚ 우리에게 필요한 참지식과 분별의 지혜를 주시는 주 예수님은 찬미 받으소서.

◉ 하느님, 영원토록 찬미와 영광 받으소서.

**성경 말씀** 미카 6,6-8

내가 무엇을 가지고 주님 앞에 나아가고 무엇을 가지고 높으신 하느님께 예배드려야 합니까? 번제물을 가지고 일 년 된 송아지를 가지고 그분 앞에 나아가야 합니까? 수천 마리 숫양이면, 만 개의 기름 강이면 주님께서 기뻐하시겠습니까? 내 죄를 벗으려면 내 맏아들을, 내 죄악을 갚으려면 이 몸의 소생을 내놓아야 합니까? 사람아, 무엇이 착한 일이고 주님께서 너에게 요구하시는 것이 무엇인지 그분께서 너에게 이미 말씀하셨다. 공정을 실천하고 신의를 사랑하며 겸손하게 네 하느님과 함께 걷는 것이 아니냐?

**묵상 기도**

잠시 말씀을 묵상한 후, 자녀를 위한 간절한 지향을 담아 침묵 중에 기도합니다. (3~5분)

**묵주기도**  영광의 신비
**성인 호칭 기도**
**수험생을 위한 기도**

✚ 기도합시다.
◉ 사랑의 주 하느님,
주님께 기도할 수 있는 건강을 허락해 주심에 감사드립니다.
아이들을 잘 돌볼 수 있는 세심한 지혜를 주심에도 감사드립니다.
저희는 당신의 은총을 받았으나 은총인 줄도 몰랐고
아이들에게는 당신을 알게 하기보다
공부를 강요하는 경우가 더 많았습니다.
주님, 당신께서는 저희의 모든 것을 받아 안으시니
저희의 아픔과 후회를 거둬 주시어

그 자리에 새로운 희망을 심어 주소서.
저희에게 주신 아이들은 주님이 주신 특별한 선물이며 사랑임을 아오니,
당신을 평생 섬기신 어머니 마리아처럼 살게 하소서.
시험의 결과를 미리 짐작하여 괜한 걱정에 빠지지 않게 하시고,
시험을 준비하는 과정에서 주님을 체험하고 위로를 얻게 하소서.
오, 사랑의 주님, 저희의 부족한 마음을 어루만지시어
주님의 사람으로 거듭나게 하소서.
우리 주 예수 그리스도를 통하여 비나이다. 아멘.

### 마침 기도

✚ 지혜의 근원이신 성부께서는 참생명에 이르는 길로 인도하시고,
은총의 샘이신 성자께서는 진리의 말씀을 깨닫게 하시며,
위로의 빛이신 성령께서는 힘과 용기를 북돋아 주시어, 저희로 하여금
언제나 바르고 선한 것만을 배우고 그 배운 바를 실천하게 하소서.
◉ 아멘.

### 마침 성가  가톨릭 성가 510번 '주님께 올리는 기도'

# 69일

수험생을 위한 100일 기도 예순아홉 번째 날을 시작하겠습니다.

## 저희의 매일을 축복해 주소서

### 시작 성가

가톨릭 성가 157번 '예수 우리 맘에 오소서'

### 시작 기도

✚ 우리에게 필요한 참지식과 분별의 지혜를 주시는 주 예수님은 찬미 받으소서.
◉ 하느님, 영원토록 찬미와 영광 받으소서.

**성경 말씀** 요한 15,9-14.17

"아버지께서 나를 사랑하신 것처럼 나도 너희를 사랑하였다. 너희는 내 사랑 안에 머물러라. 내가 내 아버지의 계명을 지켜 그분의 사랑 안에 머무르는 것처럼, 너희도 내 계명을 지키면 내 사랑 안에 머무를 것이다. 내가 너희에게 이 말을 한 이유는, 내 기쁨이 너희 안에 있고 또 너희 기쁨이 충만하게 하려는 것이다. 이것이 나의 계명이다. 내가 너희를 사랑한 것처럼 너희도 서로 사랑하여라. 친구들을 위하여 목숨을 내놓는 것보다 더 큰 사랑은 없다. 내가 너희에게 명령하는 것을 실천하면 너희는 나의 친구가 된다. 내가 너희에게 명령하는 것은 이것이다. 서로 사랑하여라."

### 묵상 기도

잠시 말씀을 묵상한 후, 자녀를 위한 간절한 지향을 담아 침묵 중에 기도합니다. (3~5분)

### 묵주기도 환희의 신비
### 성인 호칭 기도
### 수험생을 위한 기도

✚ 기도합시다.
◉ 언제나 사랑스러운 눈길로 저희를 바라보시는 하느님,
아이들이 공부 때문에 다른 곳으로 시선을 돌리지 못하고 있습니다.
짧은 시간일지라도 정성을 기울여 기도하고
잠깐이라도 연필을 놓고 창밖 풍경을 바라볼 줄 아는
따뜻한 마음을 허락하소서.
마음의 문을 활짝 열어 주시어
주변의 어려운 친구들을 돌아보며 사랑을 키워 갈 줄 알게 하소서.
공부의 참의미는 배운 바를 삶 안에서 실천하고

사랑하기 위한 길임을 알게 하소서.
'사랑은 모든 것을 믿고 바라고 견디어 냅니다.
사랑은 가실 줄을 모릅니다.'라고 하였던
바오로 사도의 말씀을 저희도 가슴에 새기며 매일을 살게 하소서.
내 가족만, 내 아이만을 향한 사랑이 아닌
이웃을 위해 기도하고, 좋은 것들을 나눌 수 있도록
당신이 햇빛이 되어 저희의 매일을 축복해 주소서.
우리 주 예수 그리스도를 통하여 비나이다. 아멘.

### 마침 기도

✚ 지혜의 근원이신 성부께서는 참생명에 이르는 길로 인도하시고,
은총의 샘이신 성자께서는 진리의 말씀을 깨닫게 하시며,
위로의 빛이신 성령께서는 힘과 용기를 북돋아 주시어, 저희로 하여금
언제나 바르고 선한 것만을 배우고 그 배운 바를 실천하게 하소서.
◉ 아멘.

### 마침 성가   가톨릭 성가 176번 '믿음 소망 사랑'

# 70일

수험생을 위한 100일 기도 일흔 번째 날을 시작하겠습니다.

## 고통 뒤에 숨은
## 기쁨의 선물을 발견하게 하소서

### 시작 성가

가톨릭 성가 423번 '천년도 당신 눈에는'

### 시작 기도

✚ 우리에게 필요한 참지식과 분별의 지혜를 주시는 주 예수님은 찬미 받으소서.

◉ 하느님, 영원토록 찬미와 영광 받으소서.

**성경 말씀** 콜로 1,9-14

우리도 그 소식을 들은 날부터 여러분을 위하여 끊임없이 기도하며 간청하고 있습니다. 곧 여러분이 모든 영적 지혜와 깨달음 덕분에 하느님의 뜻을 아는 지식으로 충만해져, 주님께 합당하게 살아감으로써 모든 면에서 그분 마음에 들고 온갖 선행으로 열매를 맺으며 하느님을 아는 지식으로 자라기를 빕니다. 또 하느님의 영광스러운 능력에서 오는 모든 힘을 받아 강해져서, 모든 것을 참고 견디어 내기를 빕니다. 기쁜 마음으로, 성도들이 빛의 나라에서 받는 상속의 몫을 차지할 자격을 여러분에게 주신 아버지께 감사하는 것입니다. 아버지께서는 우리를 어둠의 권세에서 구해 내시어 당신께서 사랑하시는 아드님의 나라로 옮겨 주셨습니다. 이 아드님 안에서 우리는 속량을, 곧 죄의 용서를 받습니다.

### 묵상 기도

잠시 말씀을 묵상한 후, 자녀를 위한 간절한 지향을 담아 침묵 중에 기도합니다. (3~5분)

### 묵주기도  빛의 신비
### 성인 호칭 기도
### 수험생을 위한 기도

✚ 기도합시다.
◉ 사랑의 주님, 새 아침을 주셔서 감사합니다.
오늘도 아침에 일어나자마자
사랑하는 아이의 방을 들여다보았습니다.
지난밤에도 늦게까지 책상에 앉아 쏟아지는 잠과 씨름했을
아이의 야윈 얼굴을 보며 안쓰러운 마음에 가슴이 저며 왔습니다.
아이들의 무거운 짐을 대신 옮겨 지고플 때도 있고, 단 하루만이라도
마음 편히 쉴 수 있도록 깨우고 싶지 않을 때도 있습니다.
공부가 인생의 전부가 아님을 알면서도

공부하라고 다그칠 수밖에 없는 현실 앞에서
힘겨워하는 아이들에게 아무것도 해 줄 수 없어
오늘도 제 가슴만 쓸어내릴 뿐입니다.
하지만 겨울 뒤에 봄이 숨어 있는 것처럼
고통 뒤에 반드시 기쁨이 온다고 했습니다.
주님, 고통 뒤에 보석처럼 빛나는 기쁨의 선물들이 숨어 있음을
우리 아이들이 발견할 수 있도록 마음의 눈을 열어 주소서.
우리 주 예수 그리스도를 통하여 비나이다. 아멘.

### 마침 기도

✚ 지혜의 근원이신 성부께서는 참생명에 이르는 길로 인도하시고,
은총의 샘이신 성자께서는 진리의 말씀을 깨닫게 하시며,
위로의 빛이신 성령께서는 힘과 용기를 북돋아 주시어, 저희로 하여금
언제나 바르고 선한 것만을 배우고 그 배운 바를 실천하게 하소서.
◉ 아멘.

### 마침 성가  가톨릭 성가 82번 '주 찬미'

# 8 마당

경솔한 속단과 잘못된 편견에서
늘 바른 길로 이끌어 주시는 주 예수님은
찬미 받으소서

# 71일

수험생을 위한 100일 기도 일흔한 번째 날을 시작하겠습니다.

## 영혼의 눈을 뜨게 하소서

**시작 성가**

가톨릭 성가 24번 '내 맘의 천주여'

**시작 기도**

✚ 경솔한 속단과 잘못된 편견에서 늘 바른 길로 이끌어 주시는 주 예수님은 찬미 받으소서.
◉ 하느님, 영원토록 찬미와 영광 받으소서.

**성경 말씀**   에페 3,15-19

하늘과 땅에 있는 모든 종족이 아버지에게서 이름을 받습니다. 아버지께서 당신의 풍성한 영광에 따라 성령을 통하여 여러분의 내적 인간이 당신 힘으로 굳세어지게 하시고, 여러분의 믿음을 통하여 그리스도께서 여러분의 마음 안에 사시게 하시며, 여러분이 사랑에 뿌리를 내리고 그것을 기초로 삼게 하시기를 빕니다. 그리하여 여러분이 모든 성도와 함께 너비와 길이와 높이와 깊이가 어떠한지 깨닫는 능력을 지니고, 인간의 지각을 뛰어넘는 그리스도의 사랑을 알게 해 주시기를 빕니다. 이렇게 하여 여러분이 하느님의 온갖 충만하심으로 충만하게 되기를 빕니다.

### 묵상 기도

잠시 말씀을 묵상한 후, 자녀를 위한 간절한 지향을 담아 침묵 중에 기도합니다. (3~5분)

### 묵주기도  고통의 신비
### 성인 호칭 기도
### 수험생을 위한 기도

✚ 기도합시다.
◉ 참 좋으신 하느님,
저희 안에는 염려와 두려움이 가득 차 있습니다.
저희 혼자 짊어지기에는 짐이 너무 무겁습니다.
이 세상에서 저희 짐을 함께 들어 주실 분은 오직 주님뿐이십니다.
하지만 저희는 금방 주님을 잊어버리고는
모든 것을 스스로 해결하려 안간힘을 쓰면서
쉽게 조바심을 내고 수시로 근심과 두려움에 휩싸이곤 합니다.
주님, 어리석은 저희가 영혼의 눈을 뜨고 당신을 바라보게 해 주십시오.

그리하여 주님께서 주시는 흔들리지 않는 평안을 얻게 하소서.
반복되는 평범한 일상사도 늘 새로움으로 빛나게 하시는 주님,
저희 마음에 오시어 당신의 뜻을 보여 주십시오.
저희가 생활하는 모든 순간 속에 주님의 위대한 사랑이
드러나고 있음을 깨닫게 해 주소서.
저희 아이들의 마음이 주님께서 주시는 기쁨과 평화로 가득 차
넘어진 순간도 툭툭 털고 일어날 수 있는 용기를 허락해 주십시오.
우리 주 예수 그리스도를 통하여 비나이다. 아멘.

### 마침 기도

✚ 지혜의 근원이신 성부께서는 참생명에 이르는 길로 인도하시고,
은총의 샘이신 성자께서는 진리의 말씀을 깨닫게 하시며,
위로의 빛이신 성령께서는 힘과 용기를 북돋아 주시어, 저희로 하여금
언제나 바르고 선한 것만을 배우고 그 배운 바를 실천하게 하소서.
◉ 아멘.

### 마침 성가  가톨릭 성가 401번 '주를 찬미하여라'

# 72일

수험생을 위한 100일 기도 일흔두 번째 날을 시작하겠습니다.

## 주님 뜻대로 변화된 삶을 살게 하소서

### 시작 성가

가톨릭 성가 62번 '주님의 뜻을 이루소서'

### 시작 기도

✚ 경솔한 속단과 잘못된 편견에서 늘 바른 길로 이끌어 주시는 주 예수님은 찬미 받으소서.
◉ 하느님, 영원토록 찬미와 영광 받으소서.

**성경 말씀** 에페 5,13-20

밖으로 드러나는 것은 모두 빛으로 밝혀집니다. 밝혀진 것은 모두 빛입니다. 그래서 이런 말씀이 있습니다. "잠자는 사람아, 깨어나라. 죽은 이들 가운데에서 일어나라. 그리스도께서 너를 비추어 주시리라." 그러므로 미련한 사람이 아니라 지혜로운 사람으로서 어떻게 살아가야 하는지 잘 살펴보십시오. 시간을 잘 쓰십시오. 지금은 악한 때입니다. 그러니 어리석은 자가 되지 말고, 주님의 뜻이 무엇인지 깨달으십시오. 술에 취하지 마십시오. 거기에서 방탕이 나옵니다. 오히려 성령으로 충만해지십시오. 시편과 찬미가와 영가로 서로 화답하고, 마음으로 주님께 노래하며 그분을 찬양하십시오. 그러면서 모든 일에 언제나 우리 주 예수 그리스도의 이름으로 하느님 아버지께 감사를 드리십시오.

**묵상 기도**

잠시 말씀을 묵상한 후, 자녀를 위한 간절한 지향을 담아 침묵 중에 기도합니다. (3~5분)

**묵주기도** 영광의 신비

**성인 호칭 기도**

**수험생을 위한 기도**

✚ 기도합시다.
◉ 사랑의 주님, 언제나 저희를 당신의 사랑에 초대해 주셔서 감사드립니다.
진심이 배어난 겸손과 순종의 삶 속에서 주님의 사랑을 느끼며
주님께 저희의 정성된 기도를 바치옵니다.
성령님, 저희 한 사람 한 사람을
주님의 사랑과 은총을 담는 질그릇으로 변화시켜 주십시오.
빵 다섯 개와 물고기 두 마리로 오천 명을 먹이신 기적 속에서
당신의 능력을 드러내신 주님,
저희가 주님의 뜻을 깨닫고 실천하게 하소서.

마리아와 요셉이 아들 예수를 성전에 봉헌함으로써
하느님 손에 온전히 맡기셨듯이
저희도 아이들을 하느님의 마음에 드는 자녀가 되도록 봉헌합니다.
하느님의 넘치는 자비 안에서 서로 사랑하게 하소서.
예수님 안에서 예수님과 함께 하느님의 뜻을 깨달아
주님의 빛 안에 머물게 하소서.
하느님의 크신 자비 속에서 날마다 변화된 삶을 살게 하소서.
우리 주 예수 그리스도를 통하여 비나이다. 아멘.

### 마침 기도

✚ 지혜의 근원이신 성부께서는 참생명에 이르는 길로 인도하시고,
은총의 샘이신 성자께서는 진리의 말씀을 깨닫게 하시며,
위로의 빛이신 성령께서는 힘과 용기를 북돋아 주시어, 저희로 하여금
언제나 바르고 선한 것만을 배우고 그 배운 바를 실천하게 하소서.
◉ 아멘.

### 마침 성가   가톨릭 성가 403번 '가난한 자입니다'

# 73일

수험생을 위한 100일 기도 일흔세 번째 날을 시작하겠습니다.

## 제 십자가를 사랑하게 하소서

### 시작 성가

가톨릭 성가 117번 '지극한 근심에'

### 시작 기도

✚ 경솔한 속단과 잘못된 편견에서 늘 바른 길로 이끌어 주시는 주 예수님은 찬미 받으소서.

◉ 하느님, 영원토록 찬미와 영광 받으소서.

**성경 말씀** 마르 8,34-38

예수님께서 제자들과 함께 군중을 가까이 부르시고 그들에게 말씀하셨다. "누구든지 내 뒤를 따르려면 자신을 버리고 제 십자가를 지고 나를 따라야 한다. 정녕 자기 목숨을 구하려는 사람은 목숨을 잃을 것이고, 나와 복음 때문에 목숨을 잃는 사람은 목숨을 구할 것이다." 사람이 온 세상을 얻고도 제 목숨을 잃으면 무슨 소용이 있느냐? 사람이 제 목숨을 무엇과 바꿀 수 있겠느냐? 절개 없고 죄 많은 이 세대에서 누구든지 나와 내 말을 부끄럽게 여기면, 사람의 아들도 아버지의 영광에 싸여 거룩한 천사들과 함께 올 때에 그를 부끄럽게 여길 것이다."

**묵상 기도**

잠시 말씀을 묵상한 후, 자녀를 위한 간절한 지향을 담아 침묵 중에 기도합니다. (3~5분)

**묵주기도 환희의 신비**
**성인 호칭 기도**
**수험생을 위한 기도**

✚ 기도합시다.
◉ 주님, 제가 짊어져야 할 십자가라면
믿음 속에서 묵묵히 짊어지게 해 주십시오.
어떠한 역경 속에서도 흔들리지 않는 믿음을 주시어
주님의 말씀을 되새기게 하소서.
누구든지 내 뒤를 따르려면 자신을 버리고
제 십자가를 지고 나를 따라야 한다는 주님의 말씀을 새기며
저희가 껴안아야 할 십자가를 사랑하게 해 주십시오.
저희가 짊어진 십자가에는 저희 아이들의 고민과 어려움이 올려져 있습니다.

그를 지켜보아야 하는 부모로서의 안쓰러운 마음도 올려져 있습니다.
저희의 몫인 십자가를 지고 주님을 따르라 하셨으니
저희 자신을 버리고 또 버림으로써
새 사람으로 태어나게 해 주십시오.
십자가 상 죽음으로 우리를 죄의 속박에서 자유롭게 해 주시고
우리 삶 안에 현존해 계신 주님, 저희 믿음을 더욱 돈독하게 해 주십시오.
예수 그리스도의 십자가를 통해 사랑을 배우게 해 주소서.
우리 주 예수 그리스도를 통하여 비나이다. 아멘.

## 마침 기도

✚ 지혜의 근원이신 성부께서는 참생명에 이르는 길로 인도하시고,
은총의 샘이신 성자께서는 진리의 말씀을 깨닫게 하시며,
위로의 빛이신 성령께서는 힘과 용기를 북돋아 주시어, 저희로 하여금
언제나 바르고 선한 것만을 배우고 그 배운 바를 실천하게 하소서.
◉ 아멘.

## 마침 성가  가톨릭 성가 506번 '사랑으로 오신 주여'

## 74일 수험생을 위한 100일 기도 일흔네 번째 날을 시작하겠습니다.

## 아이의 손을 잡아 주소서

**시작 성가**

가톨릭 성가 426번 '주님의 집에 가자 할 때'

**시작 기도**

✚ 경솔한 속단과 잘못된 편견에서 늘 바른 길로 이끌어 주시는 주 예수님은 찬미 받으소서.
◉ 하느님, 영원토록 찬미와 영광 받으소서.

**성경 말씀** 마르 5,38-42

그들이 회당장의 집에 이르렀다. 예수님께서는 소란한 광경과 사람들이 큰 소리로 울며 탄식하는 것을 보시고, 안으로 들어가셔서 그들에게, "어찌하여 소란을 피우며 울고 있느냐? 저 아이는 죽은 것이 아니라 자고 있다." 하고 말씀하셨다. 그들은 예수님을 비웃었다. 예수님께서는 그들을 다 내쫓으신 다음, 아이 아버지와 어머니와 당신의 일행만 데리고 아이가 있는 곳으로 들어가셨다. 그리고 아이의 손을 잡으시고 말씀하셨다. "탈리타 쿰!" 이는 번역하면 '소녀야, 내가 너에게 말한다. 일어나라!'는 뜻이다. 그러자 소녀가 곧바로 일어서서 걸어 다녔다.

**묵상 기도**

잠시 말씀을 묵상한 후, 자녀를 위한 간절한 지향을 담아 침묵 중에 기도합니다. (3~5분)

**묵주기도  빛의 신비**
**성인 호칭 기도**
**수험생을 위한 기도**

✚ 기도합시다.
◉ 죽은 소녀의 손을 잡아 일으켜 살리신 예수님,
고통 속에서도 저희가 힘을 내어 살아갈 수 있는 것은
언제나 손을 내밀어 주시는 주님의 응원 때문입니다.
오직 주님의 손길만이 저희의 마음을 치유하고 위로해 주십니다.
주님, 사랑에 불완전하고, 판단에 미숙하고,
멀리 보지 못하는 저희 아이들에게도 손을 내밀어 주십시오.
세상의 유혹 앞에 너무도 약한 저희 아이들입니다.
저희 역시 시험 때문에 힘겨워하는 아이들에게 해 줄 수 있는 것은 묵묵히 손을 잡아 주는 것뿐, 아무런 힘도 되어 주지 못하고 있습니다.
주님, 당신께서 아이들의 손을 힘주어 잡아 주신다면
아이들의 힘겨움은 어느 순간 기쁨과 보람으로 바뀔 것입니다.
주님의 사랑 안에서는 기꺼이 어려움을 참아 이길 수 있습니다.
저희 아이가 부모의 사랑과 하느님의 은총을 믿고
시험이라는 어려운 시간을 넘을 수 있도록 도와주시고,
믿음과 사랑으로 다시 일어서게 하소서.
우리 주 예수 그리스도를 통하여 비나이다. 아멘.

### 마침 기도

✚ 지혜의 근원이신 성부께서는 참생명에 이르는 길로 인도하시고,
은총의 샘이신 성자께서는 진리의 말씀을 깨닫게 하시며,
위로의 빛이신 성령께서는 힘과 용기를 북돋아 주시어, 저희로 하여금
언제나 바르고 선한 것만을 배우고 그 배운 바를 실천하게 하소서.
◉ 아멘.

### 마침 성가   가톨릭 성가 424번 '주님을 찬양하라 예루살렘아'

# 75일

수험생을 위한 100일 기도 일흔다섯 번째 날을 시작하겠습니다.

## 믿음이 더욱 커지게 하소서

**시작 성가**

가톨릭 성가 480번 '믿음으로'

**시작 기도**

✚ 경솔한 속단과 잘못된 편견에서 늘 바른 길로 이끌어 주시는 주 예수님은 찬미 받으소서.
◉ 하느님, 영원토록 찬미와 영광 받으소서.

**성경 말씀** 집회 25,1.9-12

내 마음에 드는 것이 세 가지 있으니 그것들은 주님과 사람 앞에서 아름답다. 형제들끼리 일치하고 이웃과 우정을 나누며 남편과 아내가 서로 화목하게 사는 것이다. 현명을 찾은 사람 주의 깊게 듣는 청중에게 이야기하는 사람은 행복하다. 지혜를 찾은 사람은 얼마나 위대한가! 그러나 주님을 경외하는 이보다 위대한 이는 없다. 주님을 경외함은 모든 것을 뛰어넘으니 주님을 경외하는 이를 누구와 비교할 수 있으랴? 주님을 경외함은 그분에 대한 사랑의 시작이요 믿음은 그분에 대한 의탁의 시작이다.

**묵상 기도**

잠시 말씀을 묵상한 후, 자녀를 위한 간절한 지향을 담아 침묵 중에 기도합니다. (3~5분)

**묵주기도** 고통의 신비

**성인 호칭 기도**

**수험생을 위한 기도**

✚ 기도합시다.
◉ 인간의 연약함 안에서 위대하심을 드러내시는 주님,
오늘 저희는 새로운 희망을 안고 주님 앞에 머물고 싶습니다.
저희의 머리카락 한 올 한 올까지 헤아리고 계신 주님 앞에
무엇을 숨길 수 있겠습니까.
주님, 당신 앞에 깊은 흠숭을 드리옵니다.
다윗 성왕처럼 춤추며 당신을 찬미하고
깨끗한 영혼으로 당신께 노래 부르옵니다.
주님, 저희의 생각을 다하고 마음을 다하여 당신을 찾습니다.

저희 아이들에게 성령의 은총을 쏟아 주십시오.
그리하여 사랑의 열매를 맺고 믿음이 더욱 자라도록 이끌어 주십시오.
또한 저희 마음에 당신 영혼의 샘이 마르지 않도록 해 주시어
모든 것을 다 헤아리고 계신 주님의 그 깊은 사랑 안에 머물게 하소서.
저희의 기도가 아이들에게 힘이 되고 그들의 길을 비추는 빛이 되게 하소서.
주님, 저희 아이들도 당신을 경외하며 당신의 거룩한 자녀로
살아갈 수 있도록 늘 기도하며 자신을 돌아보게 하소서.
우리 주 예수 그리스도를 통하여 비나이다. 아멘.

### 마침 기도

✚ 지혜의 근원이신 성부께서는 참생명에 이르는 길로 인도하시고,
은총의 샘이신 성자께서는 진리의 말씀을 깨닫게 하시며,
위로의 빛이신 성령께서는 힘과 용기를 북돋아 주시어, 저희로 하여금
언제나 바르고 선한 것만을 배우고 그 배운 바를 실천하게 하소서.
◉ 아멘.

### 마침 성가  가톨릭 성가 6번 '찬미 노래 부르며'

# 76일

수험생을 위한 100일 기도 일흔여섯 번째 날을 시작하겠습니다.

## 처음부터 마지막까지 함께해 주소서

**시작 성가**

가톨릭 성가 504번 '우리와 함께 주여'

**시작 기도**

✚ 경솔한 속단과 잘못된 편견에서 늘 바른 길로 이끌어 주시는 주 예수님은 찬미 받으소서.

◉ 하느님, 영원토록 찬미와 영광 받으소서.

**성경 말씀**  2티모 4,2.5-8

말씀을 선포하십시오. 기회가 좋든지 나쁘든지 꾸준히 계속하십시오. 끈기를 다하여 사람들을 가르치면서, 타이르고 꾸짖고 격려하십시오. 그대는 어떠한 경우에도 정신을 차리고 고난을 견디어 내며, 복음 선포자의 일을 하고 그대의 직무를 완수하십시오. 나는 이미 하느님께 올리는 포도주로 바쳐지고 있습니다. 내가 이 세상을 떠날 때가 다가온 것입니다. 나는 훌륭히 싸웠고 달릴 길을 다 달렸으며 믿음을 지켰습니다. 이제는 의로움의 화관이 나를 위하여 마련되어 있습니다. 의로운 심판관이신 주님께서 그날에 그것을 나에게 주실 것입니다. 나만이 아니라, 그분께서 나타나시기를 애타게 기다린 모든 사람에게도 주실 것입니다.

**묵상 기도**

잠시 말씀을 묵상한 후, 자녀를 위한 간절한 지향을 담아 침묵 중에 기도합니다. (3~5분)

**묵주기도** 영광의 신비

**성인 호칭 기도**

**수험생을 위한 기도**

✠ 기도합시다.
◉ 믿는 사람에게 구원을 가져다주시는 하느님,
오늘 저희는 주님의 자비와 은총을 청합니다.
예수님을 알고 세례를 받음으로써 예수님과 하나 된 우리는
십자가의 죽음을 통하여 보여 주신 그 사랑의 깊이를 헤아려 봅니다.
주님의 십자가로 저희의 죄는 깨끗이 씻기고
참생명의 길을 알게 되었나이다.
오늘 당신이 걸으셨던 십자가의 길을 기억하며
한 걸음 한 걸음 당신을 향해 내딛는 저희의 발걸음을 축복하소서.

그 길을 하느님의 은총으로 비추어 주시고
성령의 빛으로 인도하소서.
당신의 자녀로 다시 태어난 우리는
지금까지와는 다른, 완전히 변화된 삶을 살고자 합니다.
처음부터 마지막까지 저희와 함께해 주소서.
고단한 저희 아이들이 주님의 사랑을 느끼고
그 사랑으로 모든 어려움을 이겨 낼 수 있도록 그들을 이끌어 주소서.
우리 주 예수 그리스도를 통하여 비나이다. 아멘.

### 마침 기도

✚ 지혜의 근원이신 성부께서는 참생명에 이르는 길로 인도하시고,
은총의 샘이신 성자께서는 진리의 말씀을 깨닫게 하시며,
위로의 빛이신 성령께서는 힘과 용기를 북돋아 주시어, 저희로 하여금
언제나 바르고 선한 것만을 배우고 그 배운 바를 실천하게 하소서.
◉ 아멘.

### 마침 성가   가톨릭 성가 399번 '주님 안에 하나'

# 77일

수험생을 위한 100일 기도 일흔일곱 번째 날을 시작하겠습니다.

## 주님의 말씀을 명심하게 하소서

**시작 성가**

가톨릭 성가 44번 '평화를 주옵소서'

**시작 기도**

✚ 경솔한 속단과 잘못된 편견에서 늘 바른 길로 이끌어 주시는 주 예수님은 찬미 받으소서.

◉ 하느님, 영원토록 찬미와 영광 받으소서.

**성경 말씀** 신명 31,6-8

"너희는 힘과 용기를 내어라. 그들을 두려워해서도 겁내서도 안 된다. 주 너희 하느님께서 너희와 함께 가시면서, 너희를 떠나지도 버리지도 않으실 것이다." 그리고 나서 모세는 여호수아를 불러 놓고, 온 이스라엘이 보는 앞에서 그에게 말하였다. "힘과 용기를 내어라. 너는 이 백성과 함께, 주님께서 그들의 조상들에게 주시겠다고 맹세하신 땅으로 들어가서, 그들에게 저 땅을 나누어 주어야 한다. 주님께서 친히 네 앞에 서서 가시고, 너와 함께 계시며, 너를 버려두지도 저버리지도 않으실 것이니, 너는 두려워해서도 낙심해서도 안 된다."

### 묵상 기도

잠시 말씀을 묵상한 후, 자녀를 위한 간절한 지향을 담아 침묵 중에 기도합니다. (3~5분)

### 묵주기도  환희의 신비
### 성인 호칭 기도
### 수험생을 위한 기도

✚ 기도합시다.

◉ 선하신 하느님, 저희를 당신의 깊은 사랑에 잠기게 하소서.
주님께서는 당신의 상처 속에 저희의 아픔을 숨겨 주시고
흠 없고 무죄한 피로써 인간의 모든 죄를 깨끗이 씻어 주셨습니다.
하지만 주님께서는 죽음을 이기고 부활하시어
제자들 곁에 나타나셔서 모든 이들의 절망을 희망으로 바꾸어 주셨습니다.
주님께서는 저희가 넘어질 때마다 붙들어 주시고 위로해 주십니다.
저희도 주님을 따라 다른 이들에게 희망을 주는 사랑의 삶을 살게 하시고,
눈으로는 볼 수 없지만 소중한 가치들을 따라 살아가게 하소서.

죄와 이기심에 눈이 가리어 그릇된 길로 가고 있는 저희를 되돌리시어
바른 길을 걷도록 인도하소서.
저희의 마음이 나침반의 바늘처럼 주님께로 향하여
그 길을 잃어버리지 않도록 이끌어 주시고,
'너를 포기하지도, 버리지도 않을 것이다. 두려워하지 말고 겁내지도 마라.'
하신 주님의 말씀을 잊지 않게 하소서.
주님은 저의 바위, 저의 방패, 저의 성채, 저의 피난처이십니다.
우리 주 예수 그리스도를 통하여 비나이다. 아멘.

### 마침 기도

✚ 지혜의 근원이신 성부께서는 참생명에 이르는 길로 인도하시고,
은총의 샘이신 성자께서는 진리의 말씀을 깨닫게 하시며,
위로의 빛이신 성령께서는 힘과 용기를 북돋아 주시어, 저희로 하여금
언제나 바르고 선한 것만을 배우고 그 배운 바를 실천하게 하소서.
◉ 아멘.

### 마침 성가  가톨릭 성가 28번 '불의가 세상을 덮쳐도'

# 78일

수험생을 위한 100일 기도 일흔여덟 번째 날을 시작하겠습니다.

## 점점 더해 가는 불안감을 없애 주소서

**시작 성가**

가톨릭 성가 40번 '구하시오 받으리라'

**시작 기도**

✚ 경솔한 속단과 잘못된 편견에서 늘 바른 길로 이끌어 주시는 주 예수님은 찬미 받으소서.
◉ 하느님, 영원토록 찬미와 영광 받으소서.

**성경 말씀** 마태 26,36.38-42

예수님께서 제자들과 함께 겟세마니라는 곳으로 가셨다. 그때에 그들에게 "내 마음이 너무 괴로워 죽을 지경이다. 너희는 여기에 남아서 나와 함께 깨어 있어라." 하고 말씀하셨다. 그런 다음 앞으로 조금 나아가 얼굴을 땅에 대고 기도하시며 이렇게 말씀하셨다. "아버지, 하실 수만 있으시면 이 잔이 저를 비켜 가게 해 주십시오. 그러나 제가 원하는 대로 하지 마시고 아버지께서 원하시는 대로 하십시오." 그러고 나서 제자들에게 돌아와 보시니 그들은 자고 있었다. 그래서 베드로에게 "이렇게 너희는 나와 함께 한 시간도 깨어 있을 수 없더란 말이냐? 유혹에 빠지지 않도록 깨어 기도하여라. 마음은 간절하나 몸이 따르지 못한다." 하시고, 다시 두 번째로 가서 기도하셨다. "아버지, 이 잔이 비켜 갈 수 없는 것이라서 제가 마셔야 한다면, 아버지의 뜻이 이루어지게 하십시오."

**묵상 기도**

잠시 말씀을 묵상한 후, 자녀를 위한 간절한 지향을 담아 침묵 중에 기도합니다. (3~5분)

**묵주기도  빛의 신비**
**성인 호칭 기도**
**수험생을 위한 기도**

✚ 기도합시다.
◉ 사랑의 주님, 점점 임박해 오는 입시는 아이들을 주체할 수 없는 긴장감과 불안감에 휩싸이게 하여 다시 힘들게 합니다.
간절히 비오니, 주님께서 끝까지 저희와 함께해 주실 것이라는 믿음을 결코 버리지 않게 해 주소서.
얼마 남지 않았지만 아이가 최선을 다해 효율적으로 시간을 사용할 수 있도록 그리고 한껏 마음을 모아 최대한 집중할 수 있도록 이끌어 주소서.
지금까지 이렇게 자라 인생을 계획하도록 이끌어 주신 분은 주님이셨고, 신앙의 씨앗을 심어 주시어 기쁨의 길을 걷게 해 주신 분도 주님이십니다.

주님, 저희 아이는 지금 겪는 힘겨움을 통해
더욱 성장해지리라 믿습니다.
주님의 사랑은 언제나 모든 것을 가능하게 해 주셨으니
당신 앞에 머물러 있다는 그것이 저희에게는 은총이고 위로가 됩니다.
씨앗이 싹을 틔우고 열매를 맺으려면
어둠 속에서 기다리는 시간이 필요하듯이
지금 아이들이 겪는 시간은 하느님을 만나는 소중한 시간임을 알게 하소서.
우리 주 예수 그리스도를 통하여 비나이다. 아멘.

### 마침 기도

✚ 지혜의 근원이신 성부께서는 참생명에 이르는 길로 인도하시고,
은총의 샘이신 성자께서는 진리의 말씀을 깨닫게 하시며,
위로의 빛이신 성령께서는 힘과 용기를 북돋아 주시어, 저희로 하여금
언제나 바르고 선한 것만을 배우고 그 배운 바를 실천하게 하소서.
◉ 아멘.

### 마침 성가  가톨릭 성가 50번 '주님은 나의 목자'

# 79일

수험생을 위한 100일 기도 일흔아홉 번째 날을 시작하겠습니다.

## 고진감래의 기쁨을 알게 하소서

### 시작 성가

가톨릭 성가 26번 '이끌어 주소서'

### 시작 기도

✚ 경솔한 속단과 잘못된 편견에서 늘 바른 길로 이끌어 주시는 주 예수님은 찬미 받으소서.
◉ 하느님, 영원토록 찬미와 영광 받으소서.

**성경 말씀** 여호 1,6-9

"힘과 용기를 내어라. 내가 이 백성의 조상들에게 주기로 맹세한 땅을 이 백성에게 상속 재산으로 나누어 줄 사람은 바로 너다. 오직 너는 더욱더 힘과 용기를 내어, 나의 종 모세가 너에게 명령한 모든 율법을 명심하여 실천하고, 오른쪽으로도 왼쪽으로도 벗어나서는 안 된다. 그러면 네가 어디를 가든지 성공할 것이다. 이 율법서의 말씀이 네 입에서 떠나지 않도록 그것을 밤낮으로 되뇌어, 거기에 쓰인 것을 모두 명심하여 실천해야 한다. 그러면 네 길이 번창하고 네가 성공할 것이다. 내가 너에게 분명히 명령한다. 힘과 용기를 내어라. 무서워하지도 말고 놀라지도 마라. 네가 어디를 가든지 주 너의 하느님이 너와 함께 있어 주겠다."

**묵상 기도**

잠시 말씀을 묵상한 후, 자녀를 위한 간절한 지향을 담아 침묵 중에 기도합니다. (3~5분)

**묵주기도  고통의 신비**

**성인 호칭 기도**

**수험생을 위한 기도**

✚ 기도합시다.
◉ 저희의 모든 것을 아시는 주님,
제가 지금 걷는 길에서 힘들고 지칠 때가 많아도
포기하지 않고 걸을 수 있었던 것은 주님께서 저희의 모든 것을 아시고
저희 발걸음을 인도해 주시리라 믿었기 때문입니다.
주님께서는 지금껏 이 못난 저를 믿어 주셨고,
지금도 그리고 영원히 믿어 주실 것임을 압니다.
저희 역시 주님께서 오랜 기간 동안 시험을 준비해 온 아이가
마지막 정리를 잘할 수 있도록 이끌어 주시리라 믿습니다.

주님, 아이들은 준비 기간이 얼마 남지 않아 피곤하고 숨 가쁘게 살아갑니다.
아이들에게 자신들의 마음을 들여다볼 수 있는 여유를 주시고
고진감래의 기쁨을 알게 하시어 어떠한 어려움일지라도 극복할 수 있는
꾸준함의 은혜를 허락해 주십시오.
시험을 준비하는 이 시간은 아이의 인생에 있어서 진정 소중한 시간입니다.
저희 아이들이 이 시기를 통해서 더욱 아름답고 매력 있는 젊은이로
성장할 수 있도록 이끌어 주소서.
우리 주 예수 그리스도를 통하여 비나이다. 아멘.

### 마침 기도

✚ 지혜의 근원이신 성부께서는 참생명에 이르는 길로 인도하시고,
은총의 샘이신 성자께서는 진리의 말씀을 깨닫게 하시며,
위로의 빛이신 성령께서는 힘과 용기를 북돋아 주시어, 저희로 하여금
언제나 바르고 선한 것만을 배우고 그 배운 바를 실천하게 하소서.
◉ 아멘.

### 마침 성가   가톨릭 성가 34번 '길이요 진리요 생명이신 주'

# 80일

수험생을 위한 100일 기도 여든 번째 날을 시작하겠습니다.

## 주님의 겸허한 자녀 되게 하소서

### 시작 성가

가톨릭 성가 200번 '열절하신 주의 사랑'

### 시작 기도

✚ 경솔한 속단과 잘못된 편견에서 늘 바른 길로 이끌어 주시는 주 예수님은 찬미 받으소서.

◉ 하느님, 영원토록 찬미와 영광 받으소서.

**성경 말씀** 집회 3,17-20

애야, 네 일을 온유하게 처리하여라. 그러면 선물하는 사람보다 네가 더 사랑을 받으리라. 네가 높아질수록 자신을 더욱 낮추어라. 그러면 주님 앞에서 총애를 받으리라. 높고 귀한 사람들이 많이 있지만 주님께서는 온유한 이들에게 당신의 신비를 보여 주신다. 정녕 주님의 권능은 크시고 겸손한 이들을 통하여 영광을 받으신다.

### 묵상 기도

잠시 말씀을 묵상한 후, 자녀를 위한 간절한 지향을 담아 침묵 중에 기도합니다. (3~5분)

### 묵주기도  영광의 신비
### 성인 호칭 기도
### 수험생을 위한 기도

✚ 기도합시다.

◉ 주님, 당신 앞에 있는 이 시간이 커다란 행복입니다.
그동안 왜 이런 행복을 몰랐는지 제 자신을 탓할 뿐입니다.
주님의 말씀을 듣고 그대로 살아가려고 노력하지만
어떤 때에는 힘겨움으로 고갈되어 가는 제 마음을 보게 됩니다.
주님, 메말라 가는 제 마음에 맑은 영원의 물을 허락해 주십시오.
많은 사람과 복닥복닥 살아가는 속에서 성숙한 삶의 지혜를 배우고
주님의 은총에 모든 희망을 거는 저희가 되게 해 주십시오.
이제는 주님께 순종하는 자녀로서, 무지하던 때의 욕망에 따라 살지 않고

주님의 거룩한 부르심에 따라 거룩한 사람이 되게 해 주십시오.
주님, 주님의 사랑만이 저희의 마음을 변화시킬 수 있습니다.
늘 함께해 주시는 예수님의 사랑에 아이들의 마음이 깨끗이 씻기고
그들이 주님의 자녀로 불리움 받았음을 알게 하시고
주님의 눈으로 세상을 보게 하소서.
그리하여 최선을 다한 후에 얻은 결과가 어떤 것일지라도
겸허하게 받아들이는 주님의 성실한 자녀가 되게 하소서.
우리 주 예수 그리스도를 통하여 비나이다. 아멘.

### 마침 기도

✚ 지혜의 근원이신 성부께서는 참생명에 이르는 길로 인도하시고,
은총의 샘이신 성자께서는 진리의 말씀을 깨닫게 하시며,
위로의 빛이신 성령께서는 힘과 용기를 북돋아 주시어, 저희로 하여금
언제나 바르고 선한 것만을 배우고 그 배운 바를 실천하게 하소서.
◉ 아멘.

### 마침 성가   가톨릭 성가 206번 '성심의 사랑'

# 9 마당

삶의 매 순간마다 사랑으로 함께하시며
용기를 주시는 주 예수님은 찬미 받으소서

# 81일 수험생을 위한 100일 기도 여든한 번째 날을 시작하겠습니다.

## 주님 안에서 기쁨을 찾게 하소서

**시작 성가**

가톨릭 성가 128번 '형제여 기뻐하라 알렐루야'

**시작 기도**

✛ 삶의 매 순간마다 사랑으로 함께하시며 용기를 주시는 주 예수님은 찬미 받으소서.
◉ 하느님, 영원토록 찬미와 영광 받으소서.

**성경 말씀** 시편 34,10-18

주님을 경외하여라. 그분의 거룩한 이들아. 그분을 경외하는 이들에게는 아쉬움이 없어라. 사자들도 궁색해져 굶주리게 되지만 주님을 찾는 이들에게는 좋은 것 하나도 모자라지 않으리라. 아이들아, 와서 내 말을 들어라. 너희에게 주님 경외함을 가르쳐 주마. 생명을 갈망하고 좋은 것 보려고 장수를 바라는 이는 누구인가? 네 혀는 악을, 네 입술은 거짓된 말을 조심하여라. 악을 피하고 선을 행하며 평화를 찾고 또 추구하여라. 주님의 눈은 의인들을 굽어보시고 그분의 귀는 그들의 부르짖음을 들으신다. 주님의 얼굴은 악을 행하는 자들에게 맞서시니 그들에 대한 기억을 세상에서 없애시기 위함이라네. 그들이 울부짖자 주님께서 들으시어 모든 곤경에서 구해 주셨네.

### 묵상 기도

잠시 말씀을 묵상한 후, 자녀를 위한 간절한 지향을 담아 침묵 중에 기도합니다. (3~5분)

### 묵주기도  환희의 신비
### 성인 호칭 기도
### 수험생을 위한 기도

✚ 기도합시다.

◉ 늘 기뻐하라고 이르시는 주님,
하루하루 시간이 지나갈수록 아이도 저도 초조해집니다.
혹시 잘못되지 않을까 하는 불안감에 밤새 뒤척이기도 하고
명확하게 보이지 않는 미래가 두려움과 초조함으로 다가오기도 합니다.
주님께서는 저희를 위하여 이 땅에 오셨고,
언제나 저희에게 기쁨을 주고자 하십니다.
저희는 힘들고 어려운 현실에 부딪힐 때마다 예수님을 기억합니다.
진통을 겪는 듯한 어려움도 있고, 참아야 하는 인내의 시간도 있었습니다.

희망의 빛이라고는 전혀 없는 암담한 현실 속에서 우울할 때도 많았습니다.
그렇다고 마음에 눈이 없는 사람처럼 그릇된 길을 가지 않게 해 주시고
먼지 낀 창문처럼 흐린 눈빛으로 세상과 이웃을 바라보지 않게 하소서.
주님, 저희 아이에게 지혜와 인내력, 집중력을 주시어 마음을 다잡게 하시고,
늘 자신 곁에는 선한 길로 인도하시는 주님이 계심을 깨닫게 하소서.
함께 계심에 대한 기억은 감사함으로 이어지고,
감사함은 다시 기쁨으로 이어집니다.
우리 주 예수 그리스도를 통하여 비나이다. 아멘.

### 마침 기도

✚ 지혜의 근원이신 성부께서는 참생명에 이르는 길로 인도하시고,
은총의 샘이신 성자께서는 진리의 말씀을 깨닫게 하시며,
위로의 빛이신 성령께서는 힘과 용기를 북돋아 주시어, 저희로 하여금
언제나 바르고 선한 것만을 배우고 그 배운 바를 실천하게 하소서.
◉ 아멘.

### 마침 성가   가톨릭 성가 472번 '주님 저 하늘 펼치시고'

# 82일

수험생을 위한 100일 기도 여든두 번째 날을 시작하겠습니다.

## 작고 낮은 삶을 배우게 하소서

### 시작 성가

가톨릭 성가 415번 '사랑이 없으면'

### 시작 기도

✚ 삶의 매 순간마다 사랑으로 함께하시며 용기를 주시는 주 예수님은 찬미 받으소서.
◉ 하느님, 영원토록 찬미와 영광 받으소서.

**성경 말씀** 시편 17,1-7

주님, 의로운 제 사연을 들어 주소서. 제 부르짖음을 귀여겨 들으소서. 거짓 없는 입술로 드리는 제 기도에 귀 기울여 주소서. 당신 앞에서 저에게 승소 판결이 내려지게 하소서. 당신 눈으로 올바른 것을 보아 주소서. 당신께서 제 마음을 시험하시고 밤중에도 캐어 보시며 저를 달구어 보셔도 부정을 찾지 못하시리이다. 저의 입은 사람들이 하는 것처럼 하지 않고 저는 당신 입술에서 나온 말씀에 주의를 기울였습니다. 계명의 길을 저는 꿋꿋이 걷고 당신 길에서 제 발걸음 비틀거리지 않았습니다. 하느님, 당신께서 제게 응답해 주시겠기에 제가 당신께 부르짖습니다. 당신의 귀를 기울이시어 제 말씀을 들어 주소서. 당신 자애의 기적을 베푸소서. 당신 오른쪽으로 피신하는 이들을 적에게서 구해 주시는 분이시여!

### 묵상 기도

잠시 말씀을 묵상한 후, 자녀를 위한 간절한 지향을 담아 침묵 중에 기도합니다. (3~5분)

### 묵주기도  빛의 신비
### 성인 호칭 기도
### 수험생을 위한 기도

✚ 기도합시다.
◉ 주님, 저희가 생명과 빛과 사랑과 평화 안에 머물 수 있도록 한결같이 저희를 지켜 주심에 감사드립니다.
주님 그 사랑의 힘으로 모질고 거센 바람에도 흔들림 없이 굳세게 서 있을 수 있었습니다.
저희가 쇠잔해 있을 때 주님은 사랑을 통해 힘이 되어 주셨습니다.
주변이 삭막할 때 주님께서는 격려의 말씀을 주셨습니다.
하느님이시면서도 예수님은 이 세상에 가장 낮은 이로 오셨습니다.
우리도 예수님을 본받아 가장 작고 낮은 삶을 살게 하소서.

저희 아이들은 지금 하는 공부가 자신만을 위한 것이 아니라
이웃과 세상을 위한 것임을 깨닫게 해 주십시오.
참행복은 바로 남을 위한 삶을 살 때 찾아오는 것입니다.
늘 새로운 생각의 문을 열고,
새로운 가능성에 도전하고 열정을 다하게 하소서.
시편 저자의 기도처럼, 그분께서 네 한평생을 복으로 채워 주시어
네 젊음이 독수리처럼 새로워지게 해 주소서.
우리 주 예수 그리스도를 통하여 비나이다. 아멘.

### 마침 기도

✚ 지혜의 근원이신 성부께서는 참생명에 이르는 길로 인도하시고,
은총의 샘이신 성자께서는 진리의 말씀을 깨닫게 하시며,
위로의 빛이신 성령께서는 힘과 용기를 북돋아 주시어, 저희로 하여금
언제나 바르고 선한 것만을 배우고 그 배운 바를 실천하게 하소서.
◉ 아멘.

### 마침 성가   가톨릭 성가 478번 '주님께 영광을 드리자'

# 83일

수험생을 위한 100일 기도 여든세 번째 날을 시작하겠습니다.

## 사랑하는 일만은 놓지 않게 하소서

**시작 성가**

가톨릭 성가 20번 '어두움을 밝히소서'

**시작 기도**

✚ 삶의 매 순간마다 사랑으로 함께하시며 용기를 주시는 주 예수님은 찬미 받으소서.

◉ 하느님, 영원토록 찬미와 영광 받으소서.

**성경 말씀** 시편 33,3-9

그분께 노래하여라, 새로운 노래를. 환성과 함께 고운 가락 내어라. 주님의 말씀은 바르고 그분의 행적은 모두 진실하다. 그분은 정의와 공정을 사랑하시는 분. 주님의 자애가 땅에 가득하네. 주님의 말씀으로 하늘이, 그분의 입김으로 그 모든 군대가 만들어졌네. 그분께서는 제방으로 모으듯 바닷물을 모으시고 대양을 곳집에다 넣으신다. 온 땅이 주님을 경외하고 세상에 사는 이들이 모두 그분을 두려워하리니 그분께서 말씀하시자 이루어졌고 그분께서 명령하시자 생겨났기 때문이네.

### 묵상 기도

잠시 말씀을 묵상한 후, 자녀를 위한 간절한 지향을 담아 침묵 중에 기도합니다. (3~5분)

### 묵주기도  고통의 신비
### 성인 호칭 기도
### 수험생을 위한 기도

✚ 기도합시다.

◉ 주님, 새로운 마음으로 하루를 맞고 싶습니다.
행여 지난 일에 대한 아쉬움과 후회가 남아 있다면
주님의 평화로 씻어 주소서.
요즘 공부에 짓눌려 힘겨워하는 아이에게
하지 말아야 될 말들을 분별없이 던질 때가 있습니다.
위로와 격려가 필요한 아이에게 비난과 질책의 화살을 쏘았습니다.
용서해 주소서!
이렇게 부모가 되어서야 부모 역할이 얼마나 어려운지

부모 사랑이 얼마나 가없는 것인지 알 것 같습니다.
주님, 언짢은 기분이 들 때나 뜻대로 일이 풀리지 않을 때에도
사랑하는 일만은 놓지 않게 해 주소서.
가족의 사랑을 통해서 하느님의 위로를 발견하게 하소서.
입시를 준비하는 아이의 수고를 나누며 서로 격려하는 가족이 되게 하소서.
우리 수험생들이 푸른 희망을 간직하고 향기로운 노래를 부르게 하소서.
저희도 주님께 기도하며 삶의 아름다움을 찬미하게 하소서.
우리 주 예수 그리스도를 통하여 비나이다. 아멘.

### 마침 기도

✚ 지혜의 근원이신 성부께서는 참생명에 이르는 길로 인도하시고,
은총의 샘이신 성자께서는 진리의 말씀을 깨닫게 하시며,
위로의 빛이신 성령께서는 힘과 용기를 북돋아 주시어, 저희로 하여금
언제나 바르고 선한 것만을 배우고 그 배운 바를 실천하게 하소서.
◉ 아멘.

**마침 성가** 가톨릭 성가 405번 '찬란한 광명이 내리던 날'

# 84일

수험생을 위한 100일 기도 여든네 번째 날을 시작하겠습니다.

## 늘 주님의 문을 두드리게 하소서

### 시작 성가

가톨릭 성가 21번 '지극히 전능하신 주여'

### 시작 기도

✚ 삶의 매 순간마다 사랑으로 함께하시며 용기를 주시는 주 예수님은 찬미 받으소서.
◉ 하느님, 영원토록 찬미와 영광 받으소서.

**성경 말씀**  1테살 5,16-24

언제나 기뻐하십시오. 끊임없이 기도하십시오. 모든 일에 감사하십시오. 이것이 그리스도 예수님 안에서 살아가는 여러분에게 바라시는 하느님의 뜻입니다. 성령의 불을 끄지 마십시오. 예언을 업신여기지 마십시오. 모든 것을 분별하여, 좋은 것은 간직하고 악한 것은 무엇이든 멀리하십시오. 평화의 하느님께서 친히 여러분을 완전히 거룩하게 해 주시기를 빕니다. 또 우리 주 예수 그리스도께서 재림하실 때까지 여러분의 영과 혼과 몸을 온전하고 흠 없이 지켜 주시기를 빕니다. 여러분을 부르시는 분은 성실하신 분이십니다. 그러니 그렇게 해 주실 것입니다.

**묵상 기도**

잠시 말씀을 묵상한 후, 자녀를 위한 간절한 지향을 담아 침묵 중에 기도합니다. (3~5분)

**묵주기도  영광의 신비**

**성인 호칭 기도**

**수험생을 위한 기도**

✚ 기도합시다.
◉ 주님, 수험생과 함께하는 마음으로 당신 마음의 문을 두드립니다.
행복을 찾아야 할 곳은 바로 지금 여기이고
행복을 느껴야 할 때는 바로 지금 이 시간입니다.
저희 아이들은 쉬어도 쉬는 것이 아닙니다.
메말라 가는 저희 아이들의 가슴에 은총의 샘이 흘러
배우는 지식만큼 사랑의 크기도 점점 자라게 해 주소서.
입시라는 목적을 향해 숨가쁘게 달려가는 아이들이
잠시라도 주님 앞에 머물며 자신을 들여다보게 하소서.

기쁜 마음으로 하루를 맞이하게 하시고
공부가 생의 전부가 아님을, 다만 지금 내가 치러야 할 몫이며
최선을 다해 건너야 하는 과정임을 깨닫게 하소서.
주님, 아이가 힘들고 어려울 때 무엇보다 먼저 주님을 찾고
주님께 모든 걸 맡기길 원합니다.
저희 아이가 기도할 줄 아는 참신앙인으로 자랄 수 있도록 이끌어 주소서.
그리하여 힘들 때마다 주님 사랑 안에 고요히 머물게 하소서.
우리 주 예수 그리스도를 통하여 비나이다. 아멘.

### 마침 기도

✚ 지혜의 근원이신 성부께서는 참생명에 이르는 길로 인도하시고,
은총의 샘이신 성자께서는 진리의 말씀을 깨닫게 하시며,
위로의 빛이신 성령께서는 힘과 용기를 북돋아 주시어, 저희로 하여금
언제나 바르고 선한 것만을 배우고 그 배운 바를 실천하게 하소서.
◉ 아멘.

### 마침 성가  가톨릭 성가 16번 '온 세상아 주님을'

# 85일

수험생을 위한 100일 기도 여든다섯 번째 날을 시작하겠습니다.

## 아이들 곁을 지켜 주소서

### 시작 성가

가톨릭 성가 199번 '예수 마음'

### 시작 기도

✚ 삶의 매 순간마다 사랑으로 함께하시며 용기를 주시는 주 예수님은 찬미 받으소서.
◉ 하느님, 영원토록 찬미와 영광 받으소서.

**성경 말씀** 필리 2,1-5

여러분이 그리스도 안에서 격려를 받고 사랑에 찬 위로를 받으며 성령 안에서 친교를 나누고 애정과 동정을 나눈다면, 뜻을 같이하고 같은 사랑을 지니고 같은 마음 같은 생각을 이루어, 나의 기쁨을 완전하게 해 주십시오. 무슨 일이든 이기심이나 허영심으로 하지 마십시오. 오히려 겸손한 마음으로 서로 남을 자기보다 낫게 여기십시오. 저마다 자기 것만 돌보지 말고 남의 것도 돌보아 주십시오. 그리스도 예수님께서 지니셨던 바로 그 마음을 여러분 안에 간직하십시오.

### 묵상 기도

잠시 말씀을 묵상한 후, 자녀를 위한 간절한 지향을 담아 침묵 중에 기도합니다. (3~5분)

### 묵주기도  환희의 신비
### 성인 호칭 기도
### 수험생을 위한 기도

✚ 기도합시다.
◉ 주님, 저희에게 귀한 보물인 아이들을 주셔서 감사드립니다.
아이들을 통해 탄생의 신비를 알게 되었고
생명이 주는 기쁨이 무엇인지 알게 되었습니다.
내 아이 하나로 세상의 모든 아이들이 소중하게 다가왔고
사랑은 책임지는 일임을 배우게 되었습니다.
비로소 목숨까지도 내어 줄 수 있는 사랑이 무엇인지 알게 되었나이다.
아이들이 태어났다고 부모가 되는 것이 아니라
아이들을 키우며 어머니가 되고 아버지가 되어 갑니다.

그 아이들이 조금씩 조금씩 성장해 가면서
저희의 품을 떠나게 될 것을 알고 있습니다.
그리하여 이제 아이들 곁에서 매 순간 함께해 줄 수 없는 시간들이 있겠지요.
그 아이들이 홀로 아픔을 견뎌야 할 때,
어려운 순간들을 선택해야 할 때 그들 곁에서 친구가 되어 주소서.
그 아이들 곁을 지켜 주소서.
언제나 선을 선택하고 그래서 행복할 수 있도록 이끌어 주소서.
우리 주 예수 그리스도를 통하여 비나이다. 아멘.

### 마침 기도

✜ 지혜의 근원이신 성부께서는 참생명에 이르는 길로 인도하시고,
은총의 샘이신 성자께서는 진리의 말씀을 깨닫게 하시며,
위로의 빛이신 성령께서는 힘과 용기를 북돋아 주시어, 저희로 하여금
언제나 바르고 선한 것만을 배우고 그 배운 바를 실천하게 하소서.
◉ 아멘.

### 마침 성가   가톨릭 성가 15번 '주님을 찬미하라'

# 86일

수험생을 위한 100일 기도 여든여섯 번째 날을 시작하겠습니다.

## 가족 안에서 힘을 얻게 하소서

### 시작 성가

가톨릭 성가 4번 '찬양하라'

### 시작 기도

✚ 삶의 매 순간마다 사랑으로 함께하시며 용기를 주시는 주 예수님은 찬미 받으소서.
◉ 하느님, 영원토록 찬미와 영광 받으소서.

**성경 말씀** 갈라 6,1-6.9-10

형제 여러분, 어떤 사람이 잘못을 저지르는 것을 보면, 영적인 사람인 여러분은 온유한 마음으로 그를 바로잡아 주어야 합니다. 그리고 그대도 유혹에 빠지지 않도록 조심하십시오. 서로 남의 짐을 져 주십시오. 그러면 그리스도의 율법을 완수하게 될 것입니다. 사실 누가 아무것도 아니면서 무엇이나 되는 듯이 생각한다면, 그는 자신을 속이는 것입니다. 저마다 자기 행동을 살펴보십시오. 그러면 자기 자신에게는 자랑거리라 하여도 남에게는 자랑거리가 못 될 것입니다. 누구나 저마다 자기 짐을 져야 할 것입니다. 말씀을 배우는 사람은 그것을 가르치는 사람과 좋은 것을 모두 함께 나누어야 합니다. 낙심하지 말고 계속 좋은 일을 합시다. 포기하지 않으면 제때에 수확을 거두게 될 것입니다. 그러므로 기회가 있는 동안 모든 사람에게, 특히 믿음의 가족들에게 좋은 일을 합시다.

### 묵상 기도

잠시 말씀을 묵상한 후, 자녀를 위한 간절한 지향을 담아 침묵 중에 기도합니다. (3~5분)

### 묵주기도  빛의 신비
### 성인 호칭 기도
### 수험생을 위한 기도

✚ 기도합시다.
◉ 주님, 오늘 저희 가정의 행복을 위해 기도합니다.
가정을 이루는 기본은 신뢰와 사랑입니다.
신뢰와 사랑은 서로의 노력을 통해 깊어지는 것이며
세상의 어떤 보화로도 얻을 수 없는 귀하디귀한 것입니다.
하지만 순간의 부주의로도 금이 가고 깨져 버릴 수 있는 소중한 것입니다.
노력하지 않고 얻을 수 있는 것은 세상에 없습니다.
행복이 그렇고, 사랑이 그렇고, 믿음이 그렇습니다!
소중한 것들은 눈에 보이지 않는다고 했습니다.

하지만 눈에 보이는 그 어떤 것보다 소중히 간직해야 할 것들입니다.
저희 가족들을 하나로 이어 주고 있는 것이 사랑입니다.
나의 어떤 모습과 마주해도 사랑해 줄 사람, 그들이 바로 가족입니다.
주님, 수험생인 저희 아이가 주님의 사랑을 닮은 가족 사랑 안에서
끊임없이 힘과 용기를 얻게 하소서.
또한 저희 가족들이 작은 것 안에서도 행복을 발견하고,
사랑을 나눌 수 있는 일에 최선을 다하도록 도와주소서.
우리 주 예수 그리스도를 통하여 비나이다. 아멘.

### 마침 기도

✛ 지혜의 근원이신 성부께서는 참생명에 이르는 길로 인도하시고,
은총의 샘이신 성자께서는 진리의 말씀을 깨닫게 하시며,
위로의 빛이신 성령께서는 힘과 용기를 북돋아 주시어, 저희로 하여금
언제나 바르고 선한 것만을 배우고 그 배운 바를 실천하게 하소서.
◉ 아멘.

### 마침 성가  가톨릭 성가 89번 '주 하느님 자비로이'

# 87일

수험생을 위한 100일 기도 여든일곱 번째 날을 시작하겠습니다.

## 위로받기보다는 위로하게 하소서

### 시작 성가

가톨릭 성가 44번 '평화를 주옵소서'

### 시작 기도

✚ 삶의 매 순간마다 사랑으로 함께하시며 용기를 주시는 주 예수님은 찬미 받으소서.

◉ 하느님, 영원토록 찬미와 영광 받으소서.

**성경 말씀** 2코린 1,3-5

우리 주 예수 그리스도의 아버지 하느님께서는 찬미 받으시기를 빕니다. 그분은 인자하신 아버지시며 모든 위로의 하느님이십니다. 하느님께서는 우리가 환난을 겪을 때마다 위로해 주시어, 우리도 그분에게서 받은 위로로, 온갖 환난을 겪는 사람들을 위로할 수 있게 하십니다. 그리하여 그리스도의 고난이 우리에게 넘치듯이, 그리스도를 통하여 내리는 위로도 우리에게 넘칩니다.

### 묵상 기도

잠시 말씀을 묵상한 후, 자녀를 위한 간절한 지향을 담아 침묵 중에 기도합니다. (3~5분)

### 묵주기도  고통의 신비
### 성인 호칭 기도
### 수험생을 위한 기도

✚ 기도합시다.
◉ 위로의 하느님,
늘 곁에 있지만 그 고마움을 느끼지 못하는 햇빛과 공기와 바람처럼
너무 가까이 있어 소홀히 하기 쉬운 주변 사람들을
주님의 마음으로 바라보며 감사하게 하소서.
저희 아이들의 마음 문을 여시어 비록 힘들고 어렵더라도
함께 공부하는 친구들을 기억하며 간절히 기도하도록 이끌어 주소서.
저희 아이가 힘든 만큼 다른 아이들도 힘들어 할 것입니다.
저희 아이가 지쳐 있는 친구에게 위로의 말을 건네고,

마음이 아픈 친구에게 위로의 손을 내밀어 상처난 마음을 보듬게 하소서.
시험을 준비하면서 서로 격려하고 위로함으로써
우정을 더욱 돈독히 쌓아가게 하소서.
나만 생각하는 이기심과 독선에서 벗어나
서로에게 힘이 되어 주며 최선을 다할 수 있게 하소서.
주님의 사랑 안에서 서로를 격려하고 위로하며
거룩한 삶으로 나갈 수 있도록 하여 주십시오.
우리 주 예수 그리스도를 통하여 비나이다. 아멘.

### 마침 기도

✚ 지혜의 근원이신 성부께서는 참생명에 이르는 길로 인도하시고,
은총의 샘이신 성자께서는 진리의 말씀을 깨닫게 하시며,
위로의 빛이신 성령께서는 힘과 용기를 북돋아 주시어, 저희로 하여금
언제나 바르고 선한 것만을 배우고 그 배운 바를 실천하게 하소서.
◉ 아멘.

### 마침 성가  가톨릭 성가 476번 '위대하신 왕이여'

# 88일

수험생을 위한 100일 기도 여든여덟 번째 날을 시작하겠습니다.

## 주님께 찬미와 기쁨을 드리게 하소서

### 시작 성가

가톨릭 성가 83번 '주 찬미하라'

### 시작 기도

✚ 삶의 매 순간마다 사랑으로 함께하시며 용기를 주시는 주 예수님은 찬미 받으소서.

◉ 하느님, 영원토록 찬미와 영광 받으소서.

**성경 말씀** 시편 34,2-9

나 언제나 주님을 찬미하리라. 내 입에 늘 그분에 대한 찬양이 있으리라. 내 영혼이 주님을 자랑하리니 가난한 이들은 듣고서 기뻐하여라. 너희는 나와 함께 주님을 칭송하여라. 우리 다 함께 그분 이름을 높이 기리자. 주님을 찾았더니 내게 응답하시고 온갖 두려움에서 나를 구하셨네. 주님을 바라보아라. 기쁨에 넘치고 너희 얼굴에 부끄러움이 없으리라. 여기 가련한 이가 부르짖자 주님께서 들으시어 모든 곤경에서 그를 구원하셨네. 주님의 천사가 그분을 경외하는 이들 둘레에 진을 치고 그들을 구출해 준다. 너희는 맛보고 눈여겨보아라, 주님께서 얼마나 좋으신지! 행복하여라, 그분께 피신하는 사람!

**묵상 기도**

잠시 말씀을 묵상한 후, 자녀를 위한 간절한 지향을 담아 침묵 중에 기도합니다. (3~5분)

**묵주기도** 영광의 신비
**성인 호칭 기도**
**수험생을 위한 기도**

✚ 기도합시다.
◉ 주님, 오늘 기도하는 마음으로 새날을 맞고 싶습니다.
지금까지 기도해 오면서 가정의 소중함을 알게 되었고
이웃들과의 만남 속에서 기쁨을 깨우치게 되었습니다.
살아온 삶의 순간순간마다 배어 있는 주님의 은총은
저희를 기쁨과 환희의 길로 인도합니다.
그 기쁨을 주님께 봉헌하며 찬미하게 하소서.
온갖 기쁨의 원천이신 주님,
이 땅에 오셔서 하느님 나라의 기쁨을 전해 주신 분은 당신이십니다.

낙담과 실망 속에서 미소를 잃지 않게 도와주시는 분도 당신이십니다.
저희로 하여금 너무 성급하지도 또 너무 느리지도 않게
주님의 뜻에 응답하며 기쁨과 찬미로 삶을 노래하게 하소서.
저희는 주님께서 저희 마음속에 계신다는 사실 하나만으로도 기쁩니다.
힘들고 어려울 때 당신의 현존을 생각합니다.
주님께서 저를 위해 어떤 일을 하시는지, 제게 어떤 분이신지 기억합니다.
저희 아이도 힘들고 외로울 때 저희처럼 당신을 기억하게 하소서.
우리 주 예수 그리스도를 통하여 비나이다. 아멘.

## 마침 기도

✚ 지혜의 근원이신 성부께서는 참생명에 이르는 길로 인도하시고,
은총의 샘이신 성자께서는 진리의 말씀을 깨닫게 하시며,
위로의 빛이신 성령께서는 힘과 용기를 북돋아 주시어, 저희로 하여금
언제나 바르고 선한 것만을 배우고 그 배운 바를 실천하게 하소서.
◉ 아멘.

## 마침 성가   가톨릭 성가 466번 '오 위대한 선물이여'

# 89일

수험생을 위한 100일 기도 여든아홉 번째 날을 시작하겠습니다.

## 주님께서 이루신 일임을 깨닫게 하소서

### 시작 성가

가톨릭 성가 435번 '어린이처럼'

### 시작 기도

✚ 삶의 매 순간마다 사랑으로 함께하시며 용기를 주시는 주 예수님은 찬미 받으소서.
◉ 하느님, 영원토록 찬미와 영광 받으소서.

**성경 말씀** 여호 24,14-17

"너희는 주님을 경외하며 그분을 온전하고 진실하게 섬겨라. 그리고 너희 조상이 강 건너편과 이집트에서 섬기던 신들을 버리고 주님을 섬겨라. 만일 주님을 섬기는 것이 너희 눈에 거슬리면, 너희 조상들이 강 건너편에서 섬기던 신들이든, 아니면 너희가 살고 있는 이 땅 아모리족의 신들이든, 누구를 섬길 것인지 오늘 선택하여라. 나와 내 집안은 주님을 섬기겠다." 그러자 백성이 대답하였다. "다른 신들을 섬기려고 주님을 저버리는 일은 결코 우리에게 없을 것입니다. 우리와 우리 조상들을 이집트 땅에서, 종살이하던 집에서 데리고 올라오셨으며, 우리 눈앞에서 이 큰 표징들을 일으키신 분이 바로 주 우리 하느님이십니다. 그분께서는 우리가 걸어온 그 모든 길에서, 또 우리가 지나온 그 모든 민족들 사이에서 우리를 지켜 주셨습니다."

### 묵상 기도

잠시 말씀을 묵상한 후, 자녀를 위한 간절한 지향을 담아 침묵 중에 기도합니다. (3~5분)

### 묵주기도  환희의 신비
### 성인 호칭 기도
### 수험생을 위한 기도

✚ 기도합시다.

◉ 좋으신 주님, 저희는 오늘 주님을 저희 가정에 모시고
저희에게 유일한 힘이 되어 주시는 주님 앞에 무릎을 조아립니다.
주님께서 열어 주신 오늘 하루를 겸손으로 채우게 하소서.
저희 하루가 주님 것이듯 저희 인생도 주님 것입니다.
저희 인생을 진정으로 주님께 맡기고 간구하오니
선한 인도자이신 주님만을 따라 살게 하소서.
주님, 저희가 계획하고 생각하고 마음먹고 행동하는 모든 것이
주님께서 이루신 것임을 깨닫게 하소서.

또한 저희 자녀들도 자신의 재능이나 힘으로 모든 걸 해결하고
모든 걸 이루려는 어리석음을 범하지 않게 하소서.
모든 재능과 지혜를 저 자신이 아닌 주님 영광을 위해 사용하게 하소서.
사랑의 주님, 저희 스스로 판단하고 저희 스스로 이뤄냈다는 부질없는 생각과
부족함들이 어찌 그리 많았는지 이제서야 깨우치게 됩니다.
저희가 주님을 새롭게 체험할 때마다 성령의 지혜와 지식의 은사를 얻어
늘 새롭게 시작하는 기회가 되게 해 주십시오.
우리 주 예수 그리스도를 통하여 비나이다. 아멘.

### 마침 기도

✚ 지혜의 근원이신 성부께서는 참생명에 이르는 길로 인도하시고,
은총의 샘이신 성자께서는 진리의 말씀을 깨닫게 하시며,
위로의 빛이신 성령께서는 힘과 용기를 북돋아 주시어, 저희로 하여금
언제나 바르고 선한 것만을 배우고 그 배운 바를 실천하게 하소서.
◉ 아멘.

### 마침 성가   가톨릭 성가 417번 '주여 영광과 찬미를'

# 90일 수험생을 위한 100일 기도 아흔 번째 날을 시작하겠습니다.

## 새로움을 찾게 하소서

### 시작 성가

가톨릭 성가 15번 '주님을 찬미하라'

### 시작 기도

✚ 삶의 매 순간마다 사랑으로 함께하시며 용기를 주시는 주 예수님은 찬미 받으소서.

◉ 하느님, 영원토록 찬미와 영광 받으소서.

**성경 말씀** 에페 4,17.21-24

나는 주님 안에서 분명하게 말합니다. 여러분은 더 이상 헛된 마음을 가지고 살아가는 다른 민족들처럼 살아가지 마십시오. 여러분은 예수님 안에 있는 진리대로, 그분에 관하여 듣고 또 가르침을 받았을 줄 압니다. 곧 지난날의 생활 방식에 젖어 사람을 속이는 욕망으로 멸망해 가는 옛 인간을 벗어 버리고, 여러분의 영과 마음이 새로워져, 진리의 의로움과 거룩함 속에서 하느님의 모습에 따라 창조된 새 인간을 입어야 한다는 것입니다.

**묵상 기도**

잠시 말씀을 묵상한 후, 자녀를 위한 간절한 지향을 담아 침묵 중에 기도합니다. (3~5분)

**묵주기도** 빛의 신비
**성인 호칭 기도**
**수험생을 위한 기도**

✚ 기도합시다.
◉ 항상 새로움으로 다가오시는 하느님,
저희 아이들의 마음을 새롭게 하시어 지루한 시험 준비 기간 동안에도
매일 맞이하는 아침이 새로운 감격으로 다가오게 하십시오.
새로운 시선으로 바라보는 하루는 모든 게 신선합니다.
기분 좋게 하루를 시작하며 교실에서 만나는 친구들에게
기쁨 가득한 밝은 미소를 띠게 해 주십시오.
미소로 맞는 수업은 즐겁고 흥미롭습니다.
저희 아이들이 공부에 노력을 쏟되 감성을 잃지 않는

풍요로운 여유를 갖게 해 주십시오.
성급한 마음과 충동적인 감정을 다스릴 인내와 절제의 힘을 주십시오.
지루한 공부이지만 그 과정 속에서 진선미를 깨우치고
긍정적인 목표를 세울 수 있도록 이끌어 주소서.
그리하여 벅찬 기대를 가지고 시험을 기다리게 하소서.
이 여정의 종착지에서 주님께서 저희를 위해
소중한 선물을 마련해 주실 것이라 믿습니다.
우리 주 예수 그리스도를 통하여 비나이다. 아멘.

### 마침 기도

✚ 지혜의 근원이신 성부께서는 참생명에 이르는 길로 인도하시고,
은총의 샘이신 성자께서는 진리의 말씀을 깨닫게 하시며,
위로의 빛이신 성령께서는 힘과 용기를 북돋아 주시어, 저희로 하여금
언제나 바르고 선한 것만을 배우고 그 배운 바를 실천하게 하소서.
◉ 아멘.

### 마침 성가  가톨릭 성가 59번 '주께선 나의 피난처'

# 10 마당

힘겨웠지만 포기하지 않았던 순간들이
진정한 기쁨의 여정이었음을 깨닫게 해 주신
주님은 찬미 받으소서

# 91일

수험생을 위한 100일 기도 아흔한 번째 날을 시작하겠습니다.

## 숱한 유혹에서 보호해 주소서

**시작 성가**

가톨릭 성가 246번 '창파에 뜬 일엽주'

**시작 기도**

✚ 힘겨웠지만 포기하지 않았던 순간들이 진정한 기쁨의 여정이었음을 깨닫게 해 주신 주님은 찬미 받으소서.
◉ 하느님, 영원토록 찬미와 영광 받으소서.

**성경 말씀** 요한 10,11-16

"나는 착한 목자다. 착한 목자는 양들을 위하여 자기 목숨을 내놓는다. 삯꾼은 목자가 아니고 양도 자기 것이 아니기 때문에, 이리가 오는 것을 보면 양들을 버리고 달아난다. 그러면 이리는 양들을 물어 가고 양 떼를 흩어 버린다. 그는 삯꾼이어서 양들에게 관심이 없기 때문이다. 나는 착한 목자다. 나는 내 양들을 알고 내 양들은 나를 안다. 이는 아버지께서 나를 아시고 내가 아버지를 아는 것과 같다. 나는 양들을 위하여 목숨을 내놓는다. 그러나 나에게는 이 우리 안에 들지 않은 양들도 있다. 나는 그들도 데려와야 한다. 그들도 내 목소리를 알아듣고 마침내 한 목자 아래 한 양 떼가 될 것이다."

**묵상 기도**

잠시 말씀을 묵상한 후, 자녀를 위한 간절한 지향을 담아 침묵 중에 기도합니다. (3~5분)

**묵주기도** 고통의 신비
**성인 호칭 기도**
**수험생을 위한 기도**

✚ 기도합시다.
◉ 맑은 영과 마음을 허락하시는 예수님,
저희가 마음에 두어야 할 분은 오직 하느님뿐이십니다.
주님께 간절히 청하오니,
저희 아이가 언제나 주님의 울타리 안에 머물도록 도와주소서.
혼자라면 세상의 숱한 유혹들을 헤쳐 나가기 어렵겠지만
주님 안에 머문다면 어떤 어려움도, 유혹도 이겨 낼 수 있음을 믿습니다.
주님은 착한 목자이십니다.
어린 양 떼를 돌봐 주시고 선한 길로 이끄는 친절한 목자이십니다.

저희 아이가 시험을 준비하는 동안 결코 다른 이들에게
부끄러운 일을 하지 않게 하시고 거짓 없이 살 수 있게 하소서.
저희 아이들이 어디에 있든 쾌락의 유혹을 단호히 거절하게 하시고
주님께서 주시는 영원한 즐거움을 좇는 거룩한 삶을 살게 하소서.
주님, 당신을 닮은 거룩한 삶을 살기 위해서는 무엇보다
저희 마음 밭에 박힌 탐욕의 돌들을 먼저 빼내야 함을 알고 있습니다.
주님, 당신께서 저희 마음을 비워 주소서.
우리 주 예수 그리스도를 통하여 비나이다. 아멘.

### 마침 기도

✚ 지혜의 근원이신 성부께서는 참생명에 이르는 길로 인도하시고,
은총의 샘이신 성자께서는 진리의 말씀을 깨닫게 하시며,
위로의 빛이신 성령께서는 힘과 용기를 북돋아 주시어, 저희로 하여금
언제나 바르고 선한 것만을 배우고 그 배운 바를 실천하게 하소서.
◉ 아멘.

### 마침 성가 가톨릭 성가 69번 '지극히 거룩한 성전'

# 92일
수험생을 위한 100일 기도 아흔두 번째 날을 시작하겠습니다.

## 바른 판단을 하게 하소서

### 시작 성가

가톨릭 성가 66번 '주의 백성 모여 오라'

### 시작 기도

✚ 힘겨웠지만 포기하지 않았던 순간들이 진정한 기쁨의 여정이었음을 깨닫게 해 주신 주님은 찬미 받으소서.
◉ 하느님, 영원토록 찬미와 영광 받으소서.

**성경 말씀** 루카 12,54-59

예수님께서 군중에게도 말씀하셨다. "너희는 구름이 서쪽에서 올라오는 것을 보면 곧 '비가 오겠다.' 하고 말한다. 과연 그대로 된다. 또 남풍이 불면 '더워지겠다.' 하고 말한다. 과연 그대로 된다. 위선자들아, 너희는 땅과 하늘의 징조는 풀이할 줄 알면서, 이 시대는 어찌하여 풀이할 줄 모르느냐?" "너희는 왜 올바른 일을 스스로 판단하지 못하느냐? 너를 고소한 자와 함께 재판관에게 갈 때, 도중에 그와 합의를 보도록 힘써라. 그러지 않으면 그가 너를 재판관에게 끌고 가, 재판관은 너를 옥리에게 넘기고 옥리는 너를 감옥에 가둘 것이다. 내가 너에게 말한다. 네가 마지막 한 닢까지 갚기 전에는 결코 거기에서 나오지 못할 것이다."

### 묵상 기도

잠시 말씀을 묵상한 후, 자녀를 위한 간절한 지향을 담아 침묵 중에 기도합니다. (3~5분)

### 묵주기도  영광의 신비
### 성인 호칭 기도
### 수험생을 위한 기도

✚ 기도합시다.
◉ 정의로우신 주 하느님,
그동안 살아오면서 수많은 선택과 판단의 순간을 거쳐 왔습니다.
하지만 늘 주님의 눈이 아닌 세상의 눈으로
모든 걸 판단하고 선택했기에 소중한 많은 것을 잃었습니다.
주님의 것은 대부분 눈에 보이지 않기에
주님의 것이라 확신하며 선택한다는 것은 참으로 어려운 일이었습니다.
보이는 것은 언젠가 사라지지만
주님의 것은 세월이 가도 영원히 존재합니다.

세상의 눈은 수시로 남과 비교하면서 조바심을 만들어 내지만
주님의 눈은 결과보다는 과정을 소중하게 여기십니다.
모든 사람과 모든 사물을 주님의 기준으로 평가하고 판단하게 하소서.
주님, 눈에 보이는 것보다 마음으로부터 들려오는 침묵의 소리에
귀 기울일 줄 알게 하소서.
서로의 벽을 허물고 서로의 슬픔과 기쁨을 나누는
사랑의 기도를 올리게 하소서.
우리 주 예수 그리스도를 통하여 비나이다. 아멘.

### 마침 기도

✚ 지혜의 근원이신 성부께서는 참생명에 이르는 길로 인도하시고,
은총의 샘이신 성자께서는 진리의 말씀을 깨닫게 하시며,
위로의 빛이신 성령께서는 힘과 용기를 북돋아 주시어, 저희로 하여금
언제나 바르고 선한 것만을 배우고 그 배운 바를 실천하게 하소서.
◉ 아멘.

### 마침 성가   가톨릭 성가 30번 '승리의 십자가'

# 93일

수험생을 위한 100일 기도 아흔세 번째 날을 시작하겠습니다.

## 노력 이상의 것을 바라지 않게 하소서

**시작 성가**

가톨릭 성가 202번 '구세주의 성심이여'

**시작 기도**

✢ 힘겨웠지만 포기하지 않았던 순간들이 진정한 기쁨의 여정이었음을 깨닫게 해 주신 주님은 찬미 받으소서.
◉ 하느님, 영원토록 찬미와 영광 받으소서.

**성경 말씀** 사도 20,19-24

"나는 유다인들의 음모로 여러 시련을 겪고 눈물을 흘리며 아주 겸손히 주님을 섬겼습니다. 그리고 유익한 것이면 무엇 하나 빼놓지 않고 회중 앞에서 또 개인 집에서 여러분에게 알려 주고 가르쳤습니다. 나는 유다인들과 그리스인들에게, 회개하여 하느님께 돌아오고 우리 주 예수님을 믿어야 한다고 증언하였습니다. 그런데 이제 나는 성령께 사로잡혀 예루살렘으로 가고 있습니다. 거기에서 나에게 무슨 일이 닥칠지 나는 모릅니다. 다만 투옥과 환난이 나를 기다리고 있다는 것은 성령께서 내가 가는 고을에서마다 일러 주셨습니다. 그러나 내가 달릴 길을 다 달려 주 예수님께 받은 직무 곧 하느님 은총의 복음을 증언하는 일을 다 마칠 수만 있다면, 내 목숨이야 조금도 아깝지 않습니다."

### 묵상 기도

잠시 말씀을 묵상한 후, 자녀를 위한 간절한 지향을 담아 침묵 중에 기도합니다. (3~5분)

### 묵주기도  환희의 신비
### 성인 호칭 기도
### 수험생을 위한 기도

✚ 기도합시다.
◉ 사랑의 주 예수님,
오늘도 저희를 세심하게 살펴 주시는 당신의 크나큰 관심 속에
하루의 문을 열었습니다.
온몸을 감싸는 주님의 은총 안에서 저희 자신을 들여다보게 됩니다.
세상 것에 흔들리며 이것저것 좇아 다닌 저의 모습이
실체가 없는 신기루처럼 허무함으로 다가옵니다.
지금까지 아이들은 낯선 터널을 들어가는 심정으로 공부해 왔습니다.
캄캄하고 답답한 길을 걸어왔고, 되돌아 가자니 지금껏 꿈꾸며 추구했던

공부가 허사가 되는 듯 두려움이 배수진 치고 있습니다.
그저 아무 말도 못하고 뒤에서 기도해 온 저희는
주님 앞에 앉아 시험 결과만을 주시하며 안간힘을 쓰고 있습니다.
아이들에게 그저 앞으로 앞으로 나가 주기만을 바란 저희를 용서해 주십시오.
지금까지 우리 수험생들이 열심히 노력해 왔고
무던히도 많은 시간을 공부로 보냈사오나
노력 이상의 헛된 기대를 갖지 않게 하소서.
우리 주 예수 그리스도를 통하여 비나이다. 아멘.

### 마침 기도

✚ 지혜의 근원이신 성부께서는 참생명에 이르는 길로 인도하시고,
은총의 샘이신 성자께서는 진리의 말씀을 깨닫게 하시며,
위로의 빛이신 성령께서는 힘과 용기를 북돋아 주시어, 저희로 하여금
언제나 바르고 선한 것만을 배우고 그 배운 바를 실천하게 하소서.
◉ 아멘.

### 마침 성가   가톨릭 성가 243번 '마리아 모후여'

# 94일

수험생을 위한 100일 기도 아흔네 번째 날을 시작하겠습니다.

## 지혜로운 자녀가 되게 하소서

### 시작 성가

가톨릭 성가 142번 '오소서 성령이여'

### 시작 기도

✚ 힘겨웠지만 포기하지 않았던 순간들이 진정한 기쁨의 여정이었음을 깨닫게 해 주신 주님은 찬미 받으소서.
◉ 하느님, 영원토록 찬미와 영광 받으소서.

**성경 말씀** 이사 11,1-5

이사이의 그루터기에서 햇순이 돋아나고 그 뿌리에서 새싹이 움트리라. 그 위에 주님의 영이 머무르리니 지혜와 슬기의 영 경륜과 용맹의 영 지식의 영과 주님을 경외함이다. 그는 주님을 경외함으로 흐뭇해하리라. 그는 자기 눈에 보이는 대로 판결하지 않고 자기 귀에 들리는 대로 심판하지 않으리라. 힘없는 이들을 정의로 재판하고 이 땅의 가련한 이들을 정당하게 심판하리라. 그는 자기 입에서 나오는 막대로 무뢰배를 내리치고 자기 입술에서 나오는 바람으로 악인을 죽이리라. 정의가 그의 허리를 두르는 띠가 되고 신의가 그의 몸을 두르는 띠가 되리라.

### 묵상 기도

잠시 말씀을 묵상한 후, 자녀를 위한 간절한 지향을 담아 침묵 중에 기도합니다. (3~5분)

### 묵주기도  빛의 신비
### 성인 호칭 기도
### 수험생을 위한 기도

✚ 기도합시다.
◉ 오소서, 성령님! 저희를 지혜의 빛으로 비춰 주소서.
저희 안에서 당신의 지혜와 사랑의 빛이 드러나게 해 주소서.
하느님께서 내려 주신 선물인 지혜는
모든 것들 중에 가장 좋은 선물이라 하였습니다.
주님, 저희 아이들이 그 어떤 것보다 당신의 지혜로운 자녀가 되게 하시어
그들의 마음과 정신을 하늘로 들어 올려 주소서.
저희에게 필요한 것은 세상을 살아가는 지식이 아니라
당신을 경외하고 당신의 뜻을 이해하는 지혜입니다.

저희 인생의 방향을 주님의 지혜로 변화시켜 주십시오.
지혜의 본질은 하느님을 사랑하고 그분의 길을 걷는 것이라 하였사오니
하느님을 향한 사랑을 더욱 깊게 하는 최선의 길을 걷게 해 주십시오.
지혜의 성령 안에서 저희는 예수님처럼
서로를 사랑할 수 있으리라 믿습니다.
저희도 그 사랑을 서로 나누며 주님의 은총이
더욱 풍성하게 이어질 수 있도록 도와주소서.
우리 주 예수 그리스도를 통하여 비나이다. 아멘.

### 마침 기도

✚ 지혜의 근원이신 성부께서는 참생명에 이르는 길로 인도하시고,
은총의 샘이신 성자께서는 진리의 말씀을 깨닫게 하시며,
위로의 빛이신 성령께서는 힘과 용기를 북돋아 주시어, 저희로 하여금
언제나 바르고 선한 것만을 배우고 그 배운 바를 실천하게 하소서.
◉ 아멘.

### 마침 성가  가톨릭 성가 151번 '주여 임하소서'

# 95일

수험생을 위한 100일 기도 아흔다섯 번째 날을 시작하겠습니다.

## 언제나 감사하게 하소서

### 시작 성가

가톨릭 성가 438번 '주께 감사 드리자'

### 시작 기도

✚ 힘겨웠지만 포기하지 않았던 순간들이 진정한 기쁨의 여정이었음을 깨닫게 해 주신 주님은 찬미 받으소서.
◉ 하느님, 영원토록 찬미와 영광 받으소서.

**성경 말씀** 이사 55,10-13

비와 눈은 하늘에서 내려와 그리로 돌아가지 않고 오히려 땅을 적시어 기름지게 하고 싹이 돋아나게 하여 씨 뿌리는 사람에게 씨앗을 주고 먹는 이에게 양식을 준다. 이처럼 내 입에서 나가는 나의 말도 나에게 헛되이 돌아오지 않고 반드시 내가 뜻하는 바를 이루며 내가 내린 사명을 완수하고야 만다. 정녕 너희는 기뻐하며 떠나고 평화로이 인도되리라. 산과 언덕들은 너희 앞에서 기뻐 소리치고 들의 나무들은 모두 손뼉을 치리라. 가시덤불 대신 방백나무가 올라오고 쐐기풀 대신 도금양나무가 올라오리라. 이 일은 주님께 영예가 되고 결코 끊어지지 않는 영원한 표징이 되리라.

## 묵상 기도

잠시 말씀을 묵상한 후, 자녀를 위한 간절한 지향을 담아 침묵 중에 기도합니다. (3~5분)

## 묵주기도  고통의 신비
## 성인 호칭 기도
## 수험생을 위한 기도

✚ 기도합시다.
◉ 언제나 필요한 것을 마련해 주시는 주님, 감사합니다!
제가 지금껏 의식 없이 누렸던 많은 것들이
주님께서 무상으로 주신 선물이었음을 고백합니다.
제가 지닌 재능과 지혜는 모두 주님께서 주신 것입니다.
그동안 수험생인 아이와 저희 가족이 힘겨움 안에서도
서로 일치하고 사랑하며 여기까지 달려올 수 있었던 것은
모두 주님 덕분입니다.
주님께서는 저희를 일일이 보호하시고 저희의 모든 상황을 꿰뚫어 보시며

오늘 이 시간까지 함께 동행해 주셨습니다.
저희는 이 모든 것을 당연한 것으로 여기며 감사할 줄 모르고 살아왔습니다.
이제 새로운 마음으로 나를 둘러싼 모든 것에 감사드리게 하소서.
저희 아이들도 매 순간 당신께 감사하게 하소서.
자신에게 주어진 재능을 갈고 닦아 하느님과 이웃을 섬기게 하소서.
그리하여 주님을 닮은 자로 더욱 성숙해질 수 있도록 도와주시어
모든 일에 당신께 감사하고 기쁨을 전하게 하소서.
우리 주 예수 그리스도를 통하여 비나이다. 아멘.

### 마침 기도

✚ 지혜의 근원이신 성부께서는 참생명에 이르는 길로 인도하시고,
은총의 샘이신 성자께서는 진리의 말씀을 깨닫게 하시며,
위로의 빛이신 성령께서는 힘과 용기를 북돋아 주시어, 저희로 하여금
언제나 바르고 선한 것만을 배우고 그 배운 바를 실천하게 하소서.
◉ 아멘.

### 마침 성가  가톨릭 성가 437번 '찬양하라 주님의 이름을'

# 96일

수험생을 위한 100일 기도 아흔여섯 번째 날을 시작하겠습니다.

## 과정에 충실하게 하소서

### 시작 성가

가톨릭 성가 415번 '사랑이 없으면'

### 시작 기도

✚ 힘겨웠지만 포기하지 않았던 순간들이 진정한 기쁨의 여정이었음을 깨닫게 해 주신 주님은 찬미 받으소서.
◉ 하느님, 영원토록 찬미와 영광 받으소서.

**성경 말씀** 필리 3,12-16

나는 이미 그것을 얻은 것도 아니고 목적지에 다다른 것도 아닙니다. 그것을 차지하려고 달려갈 따름입니다. 그리스도 예수님께서 이미 나를 당신 것으로 차지하셨기 때문입니다. 형제 여러분, 나는 이미 그것을 차지하였다고 여기지 않습니다. 그러나 이 한 가지는 분명합니다. 나는 내 뒤에 있는 것을 잊어버리고 앞에 있는 것을 향하여 내달리고 있습니다. 하느님께서 그리스도 예수님 안에서 우리를 하늘로 부르시어 주시는 상을 얻으려고, 그 목표를 향하여 달려가고 있는 것입니다. 성숙한 사람인 우리는 모두 이러한 생각을 지닙시다. 혹시 여러분이 무엇인가 달리 생각한다면, 그것도 하느님께서 여러분에게 계시해 주실 것입니다. 아무튼 우리가 어디에 이르렀든 같은 길로 나아갑시다.

**묵상 기도**

잠시 말씀을 묵상한 후, 자녀를 위한 간절한 지향을 담아 침묵 중에 기도합니다. (3~5분)

**묵주기도**  **영광의 신비**

**성인 호칭 기도**

**수험생을 위한 기도**

✠ 기도합시다.
◉ 항상 기쁨과 사랑을 충만히 채워 주시는 주님,
시험을 준비하고 있는 아이들을 바라보고 있는 부모의 심경은
세찬 바람 앞의 등불만큼이나 불안하고 아픕니다.
그동안 혼신의 힘을 기울여 준비해 온 아이들의 노력을 생각하면
대견하기도 하고 가엾기도 합니다.
그러나 무엇보다 염려되는 것은
과정보다 결과를 중시하는 무자비한 세상의 이치 때문입니다.
주님, 세상의 시각이 아닌 주님의 시각으로 아이들을 바라보게 하소서.

콜럼버스를 가장 기쁘게 했던 것은 신대륙을 발견한 사실이 아니라
오랫동안 바다 위에서 헤매면서도
결코 포기하지 않았던 자신에 대한 자랑스러움이었습니다.
저희의 기도를 귀 기울여 들으시는 주님,
저희 아이들이 결과보다 과정에 충실할 수 있도록 이끌어 주소서.
그 과정을 한 걸음 한 걸음 충실히 딛고 나아갈 수 있게 하시고,
자신이 걸어온 과정을 그 어떤 것보다 소중히 여기게 하소서.
우리 주 예수 그리스도를 통하여 비나이다. 아멘.

### 마침 기도

✜ 지혜의 근원이신 성부께서는 참생명에 이르는 길로 인도하시고,
은총의 샘이신 성자께서는 진리의 말씀을 깨닫게 하시며,
위로의 빛이신 성령께서는 힘과 용기를 북돋아 주시어, 저희로 하여금
언제나 바르고 선한 것만을 배우고 그 배운 바를 실천하게 하소서.
◉ 아멘.

### 마침 성가   가톨릭 성가 439번 '부드러운 주의 손이'

# 97일

수험생을 위한 100일 기도 아흔일곱 번째 날을 시작하겠습니다.

## 평온함을 주소서

### 시작 성가

가톨릭 성가 434번 '산상 교훈'

### 시작 기도

✚ 힘겨웠지만 포기하지 않았던 순간들이 진정한 기쁨의 여정이었음을 깨닫게 해 주신 주님은 찬미 받으소서.

◉ 하느님, 영원토록 찬미와 영광 받으소서.

**성경 말씀** 시편 116,1-7

내 애원의 소리를 들어 주시니 나 주님을 사랑하네. 내게 당신의 귀를 기울이셨으니 내 한평생 그분을 부르리라. 죽음의 올가미가 나를 에우고 저승의 공포가 나를 덮쳐 나는 고난과 근심에 사로잡혔네. 이에 나 주님의 이름을 받들어 불렀네. "아, 주님 제 목숨을 살려 주소서." 주님은 너그럽고 의로우시며 우리 하느님은 자비를 베푸시는 분 주님은 소박한 이들을 지켜 주시는 분 가엾은 나를 구해 주셨네. 내 영혼아, 주님께서 너에게 잘해 주셨으니 평온으로 돌아가라.

### 묵상 기도

잠시 말씀을 묵상한 후, 자녀를 위한 간절한 지향을 담아 침묵 중에 기도합니다. (3~5분)

### 묵주기도  환희의 신비
### 성인 호칭 기도
### 수험생을 위한 기도

✚ 기도합시다.
◉ 무거운 짐 진 이들에게 평안을 주시는 주님,
이 평화로운 안식이야말로 주님만이 주실 수 있는 유일한 선물입니다.
시험을 앞둔 저희 아이에게 평안을 주소서.
주님만이 아이의 마음을 다스릴 수 있는 은총을 주실 수 있으십니다.
임박해 오는 시간 앞에서 부족한 것이 많더라도
불안감을 거두어 주시어 편안한 마음으로 기도하게 해 주십시오.
당신의 현존을 느끼며 늘 힘이 되어 주시는 변함없는 사랑을 저희는 봅니다.
지쳐 가는 아이들에게 편안한 쉼이 필요하기에 주님께 청합니다.

우리 아이들이 열심히 준비해 온 노력의 시간들이 헛되지 않도록
정성을 다해 기도드립니다.
우리 아이들이 부모의 기도를 통해서 많은 힘을 얻게 하시고
용기를 잃지 않게 해 주십시오.
간절히 청하오니, 주님께 간절히 구하면
무엇이든 이루어 주실 것이라는 믿음으로
마지막 순간까지 평안한 마음을 지니게 하십시오.
우리 주 예수 그리스도를 통하여 비나이다. 아멘.

### 마침 기도

✚ 지혜의 근원이신 성부께서는 참생명에 이르는 길로 인도하시고,
은총의 샘이신 성자께서는 진리의 말씀을 깨닫게 하시며,
위로의 빛이신 성령께서는 힘과 용기를 북돋아 주시어, 저희로 하여금
언제나 바르고 선한 것만을 배우고 그 배운 바를 실천하게 하소서.
◉ 아멘.

### 마침 성가   가톨릭 성가 431번 '찬미의 송가'

# 98일

수험생을 위한 100일 기도 아흔여덟 번째 날을 시작하겠습니다.

## 당신의 일꾼으로 써 주소서

**시작 성가**

가톨릭 성가 63번 '온 세상에 전파하리'

**시작 기도**

✚ 힘겨웠지만 포기하지 않았던 순간들이 진정한 기쁨의 여정이었음을 깨닫게 해 주신 주님은 찬미 받으소서.
◉ 하느님, 영원토록 찬미와 영광 받으소서.

**성경 말씀** 에페 6,14-18

진리로 허리에 띠를 두르고 의로움의 갑옷을 입고 굳건히 서십시오. 발에는 평화의 복음을 위한 준비의 신을 신으십시오. 무엇보다도 믿음의 방패를 잡으십시오. 여러분은 악한 자가 쏘는 불화살을 그 방패로 막아서 끌 수 있을 것입니다. 그리고 구원의 투구를 받아 쓰고 성령의 칼을 받아 쥐십시오. 성령의 칼은 하느님의 말씀입니다. 여러분은 늘 성령 안에서 온갖 기도와 간구를 올려 간청하십시오. 그렇게 할 수 있도록 인내를 다하고 모든 성도들을 위하여 간구하며 깨어 있으십시오.

### 묵상 기도

잠시 말씀을 묵상한 후, 자녀를 위한 간절한 지향을 담아 침묵 중에 기도합니다. (3~5분)

### 묵주기도 빛의 신비
### 성인 호칭 기도
### 수험생을 위한 기도

✚ 기도합시다.

◉ 자애로우신 하느님 아버지,

주님께서 주신 저희 아이를 당신께 다시 봉헌합니다.

모세처럼, 다른 예언자처럼 저희 아이가

주님의 신실한 일꾼으로 쓰여지기를 간절히 원합니다.

그동안 아이들을 마치 자신의 소유물인 양

제 방식과 의지대로만 키워 왔습니다.

주님께서 저희 아이에게 주신 많은 능력과 재능을 선하게 성장시켜

주님 뜻에 맞게 사용될 수 있도록 이끌어 주소서.

이제 대학에 진학하고 세상으로 나가 살아갈 때에도
매 순간 주님의 성실한 일꾼임을 잊지 않게 하시고
언제나 아이 곁에 주님이 계시다는 것을 기억하며 힘차게 살아가게 하소서.
저희는 아이들이 당신 뜻에 맞갖게 살아갈 수 있도록
그리고 당신께 꼭 필요한 사람이 될 수 있도록
도와주는 부모가 되겠나이다.
우리 주 예수 그리스도를 통하여 비나이다. 아멘.

## 마침 기도

✚ 지혜의 근원이신 성부께서는 참생명에 이르는 길로 인도하시고,
은총의 샘이신 성자께서는 진리의 말씀을 깨닫게 하시며,
위로의 빛이신 성령께서는 힘과 용기를 북돋아 주시어, 저희로 하여금
언제나 바르고 선한 것만을 배우고 그 배운 바를 실천하게 하소서.
◉ 아멘.

**마침 성가**  가톨릭 성가 71번 '평화의 기도'

# 99일

수험생을 위한 100일 기도 아흔아홉 번째 날을 시작하겠습니다.

## 능력을 최대한 발휘할 수 있게 하소서

**시작 성가**

가톨릭 성가 33번 '우리 주 예수 그리스도'

**시작 기도**

✚ 힘겨웠지만 포기하지 않았던 순간들이 진정한 기쁨의 여정이었음을 깨닫게 해 주신 주님은 찬미 받으소서.
◉ 하느님, 영원토록 찬미와 영광 받으소서.

**성경 말씀**  1역대 22,11-13

이제 내 아들아, 주님께서 너와 함께 계시어, 주 너의 하느님께서 너를 두고 말씀하신 대로 네가 집을 짓는 일에 성공하기를 바란다. 다만 주님께서 너에게 분별력과 슬기를 주시어, 그분께서 너에게 이스라엘을 다스리라고 명령하실 때, 네가 주 너의 하느님의 율법을 지키기를 바란다. 주님께서 이스라엘을 두고 모세에게 명령하신 규정과 법규를 명심하여 지키면 성공할 것이다. 힘과 용기를 내어라. 두려워하지도 말고 당황하지도 마라.

### 묵상 기도

잠시 말씀을 묵상한 후, 자녀를 위한 간절한 지향을 담아 침묵 중에 기도합니다. (3~5분)

### 묵주기도  고통의 신비
### 성인 호칭 기도
### 수험생을 위한 기도

✚ 기도합시다.
◉ 좋으신 주님, 주님을 알고 주님을 믿음으로써
인생이 즐거웠고 저희의 삶에 새로운 기쁨을 찾게 되었습니다.
오늘 주님께 저희가 청하는 기도는
저희 자녀들을 평탄하고 쉬운 길로 인도해 달라는 것이 아니라
자신이 헤쳐 가야 할 어려움들에 담대하게 맞서게 해 달라는 기도입니다.
주님, 자녀들이 시험지 앞에서 당황하지 않고
침착하게 그동안 닦아 온 모든 실력을 최대한 발휘할 수 있게 하소서.
혹여 난해한 문제와 씨름하며 아까운 시간을 허비하지 말게 하시고

지혜롭게 상황에 대처하며 주어진 시간에 최선을 다하게 하소서.
어려운 순간에 힘이 되어 주시는 주님, 주님께서는 당신께 의탁하며
은총을 구하는 이들에게 늘 필요한 만큼 은총을 부어 주십니다.
저희 자녀들에게도 은총을 부어 주시어
주님께서 허락하신 능력을 마음껏 발휘하는 결실의 시간이 되게 하소서.
또한 저희에게는 담대한 마음을 주시어
불안해하는 아이들의 든든한 버팀목이 되게 하소서.
우리 주 예수 그리스도를 통하여 비나이다. 아멘.

### 마침 기도

✚ 지혜의 근원이신 성부께서는 참생명에 이르는 길로 인도하시고,
은총의 샘이신 성자께서는 진리의 말씀을 깨닫게 하시며,
위로의 빛이신 성령께서는 힘과 용기를 북돋아 주시어, 저희로 하여금
언제나 바르고 선한 것만을 배우고 그 배운 바를 실천하게 하소서.
◉ 아멘.

### 마침 성가   가톨릭 성가 29번 '주 예수 따르기로'

# 100일

수험생을 위한 100일 기도 백 번째 날을 시작하겠습니다.

## 시험 준비 기간을 주님의 축복으로 받아들이게 하소서

### 시작 성가

가톨릭 성가 501번 '받으소서 우리 마음'

### 시작 기도

✚ 힘겨웠지만 포기하지 않았던 순간들이 진정한 기쁨의 여정이었음을 깨닫게 해 주신 주님은 찬미 받으소서.
◉ 하느님, 영원토록 찬미와 영광 받으소서.

**성경 말씀** 루카 1,46-55

"내 영혼이 주님을 찬송하고 내 마음이 나의 구원자 하느님 안에서 기뻐 뛰니 그분께서 당신 종의 비천함을 굽어보셨기 때문입니다. 이제부터 과연 모든 세대가 나를 행복하다 하리니 전능하신 분께서 나에게 큰일을 하셨기 때문입니다. 그분의 이름은 거룩하고 그분의 자비는 대대로 당신을 경외하는 이들에게 미칩니다. 그분께서는 당신 팔로 권능을 떨치시어 마음속 생각이 교만한 자들을 흩으셨습니다. 통치자들을 왕좌에서 끌어내리시고 비천한 이들을 들어 높이셨으며 굶주린 이들을 좋은 것으로 배불리시고 부유한 자들을 빈손으로 내치셨습니다. 당신의 자비를 기억하시어 당신 종 이스라엘을 거두어 주셨으니 우리 조상들에게 말씀하신 대로 그 자비가 아브라함과 그 후손에게 영원히 미칠 것입니다."

**묵상 기도**

잠시 말씀을 묵상한 후, 자녀를 위한 간절한 지향을 담아 침묵 중에 기도합니다. (3~5분)

**묵주기도  영광의 신비**
**성인 호칭 기도**
**수험생을 위한 기도**

✚ 기도합시다.
◉ 사랑의 주님,
오늘은 100일 기도 마지막 날입니다.
그동안 저희 아이를 위해 바친 기도는
바로 저 자신을 위한 기도였습니다.
지난 삶을 돌아보고, 현재의 모습을 바라볼 수 있는 시간이었습니다.
아들 예수님을 위해서 평생을 기도하며 당신의 삶을 봉헌하셨던 성모님처럼 오늘 저희도 수험생인 저희 아이들과 저희 가정을 봉헌합니다.
예수님의 십자가 길에 늘 기도로 동행하셨던 성모님처럼

수험생이라는 힘든 여정을 가는 아이와
기도 안에서 하나가 되고 싶습니다.
아이가 시험을 준비했던 힘겹고 오랜 시간을
축복으로 받아들이게 하소서.
주님, 언제나 저희 가정을 어여삐 보시고 보호하며 지켜 주소서.
저희 가정도 성가정을 본받아
화목과 평화로 서로 사랑하며 살게 하소서.
우리 주 예수 그리스도를 통하여 비나이다. 아멘.

### 마침 기도

✚ 지혜의 근원이신 성부께서는 참생명에 이르는 길로 인도하시고,
은총의 샘이신 성자께서는 진리의 말씀을 깨닫게 하시며,
위로의 빛이신 성령께서는 힘과 용기를 북돋아 주시어, 저희로 하여금
언제나 바르고 선한 것만을 배우고 그 배운 바를 실천하게 하소서.
◉ 아멘.

### 마침 성가  가톨릭 성가 269번 '마리아의 노래'

# 부록

묵주기도
성인 호칭 기도
수험생을 위한 기도

## ✚ 묵주기도

### 환희의 신비

1단 마리아께서 예수님을 잉태하심을 묵상합시다
2단 마리아께서 엘리사벳을 찾아보심을 묵상합시다
3단 마리아께서 예수님을 낳으심을 묵상합시다
4단 마리아께서 예수님을 성전에 바치심을 묵상합시다
5단 마리아께서 잃으셨던 예수님을 성전에서 찾으심을 묵상합시다

### 빛의 신비

1단 예수님께서 세례 받으심을 묵상합시다
2단 예수님께서 카나에서 첫 기적을 행하심을 묵상합시다
3단 예수님께서 하느님 나라를 선포하심을 묵상합시다
4단 예수님께서 거룩하게 변모하심을 묵상합시다
5단 예수님께서 성체성사를 세우심을 묵상합시다

**고통의 신비**

1단 예수님께서 우리를 위하여 피땀 흘리심을 묵상합시다
2단 예수님께서 우리를 위하여 매맞으심을 묵상합시다
3단 예수님께서 우리를 위하여 가시관 쓰심을 묵상합시다
4단 예수님께서 우리를 위하여 십자가 지심을 묵상합시다
5단 예수님께서 우리를 위하여 십자가에 못박혀 돌아가심을 묵상합시다

**영광의 신비**

1단 예수님께서 부활하심을 묵상합시다
2단 예수님께서 승천하심을 묵상합시다
3단 예수님께서 성령을 보내심을 묵상합시다
4단 예수님께서 마리아를 하늘에 불러올리심을 묵상합시다
5단 예수님께서 마리아께 천상 모후의 관을 씌우심을 묵상합시다

### ✚ 성인 호칭 기도

○ 주님, 자비를 베푸소서.
● 주님, 자비를 베푸소서.
○ 그리스도님, 자비를 베푸소서.
● 그리스도님, 자비를 베푸소서.
○ 주님, 자비를 베푸소서.
● 주님, 자비를 베푸소서.
○ 하늘에 계신 천주 성부님
● 자비를 베푸소서.
　(다음은 같은 후렴)
○ 세상을 구원하신 천주 성자님
　천주 성령님
　삼위일체이신 하느님
○ 성모 마리아님
● 저희를 위하여 빌어 주소서.
　(다음은 같은 후렴)
○ 천주의 성모님
　지극히 거룩하신 동정녀

성 미카엘
성 가브리엘
성 라파엘
모든 천사와 대천사
세례자 성 요한
성 요셉
모든 성조와 예언자
성 베드로
성 바오로
성 안드레아
성 요한
성 야고보(대)
성 토마스
성 야고보(소)
성 필립보
성 바르톨로메오
성 시몬
성 타대오
성 마태오

성 마르코
성 루카
주님의 모든 거룩한 제자
성 스테파노
성 라우렌시오
성 빈첸시오
모든 거룩한 순교자
성 실베스테르
성 그레고리오
성 암브로시오
성 아우구스티노
성 아타나시오
성 요한 크리소스토모
모든 거룩한 주교와 증거자
모든 거룩한 학자
성 안토니오
성 베네딕토
성 도미니코
성 프란치스코

모든 거룩한 사제와 부제
모든 거룩한 수도자와 은수자
성녀 마리아 막달레나
성녀 아녜스
성녀 체칠리아
성녀 아가타
성녀 아나스타시아
모든 거룩한 동정녀와 부인
성 김대건 안드레아
성 정하상 바오로
성 범 라우렌시오
성녀 김효주 아녜스와 김효임 골롬바
우리 나라의 모든 순교자
하느님의 모든 성인

○ 주님, 자비를 베푸소서.
● 저희를 용서하소서.
○ 주님, 자비를 베푸소서.
● 저희의 기도를 들어주소서.
○ 온갖 악에서

437

- ● 주님, 저희를 구원하소서.
  (다음은 같은 후렴)
- ○ 모든 죄에서
  영원한 죽음에서
  사람이 되신 주님의 신비로
  주님의 세례와 거룩한 재계로
  주님의 십자가와 수난으로
  주님의 죽음과 묻힘으로
  주님의 거룩한 부활로
  주님의 놀라운 승천으로
  성령의 강림으로
  심판날에
- ○ 죄인들이 청하오니
- ● 저희의 기도를 들어주소서.
  (다음은 같은 후렴)
- ○ 저희를 용서하시기를 청하오니
  주님의 거룩한 교회를 다스리며
  보존하시기를 청하오니
  사도좌와 모든 성직자를 진리 안에
  보존하시기를 청하오니
  거룩한 교회를 박해자들에게서
  지켜 주시기를 청하오니
  우리 민족이 화목하고 평화로이
  살게 해 주시기를 청하오니
  주님을 섬기는 저희를 지켜 주시고
  굳세게 해 주시기를 청하오니
  저희 모든 은인에게 영원한 행복을
  주시기를 청하오니
  땅을 지키고 일구는 이들에게 풍성한
  열매를 주시기를 청하오니
  죽은 모든 이에게 영원한 안식을
  주시기를 청하오니
  저희 바람을 들어주시기를 청하오니
- ○ 하느님의 어린양, 세상의 죄를
  없애시는 주님
- ● 저희를 용서하소서.
- ○ 하느님의 어린양, 세상의 죄를
  없애시는 주님

● 저희의 기도를 들어주소서.
○ 하느님의 어린양, 세상의 죄를
  없애시는 주님
● 자비를 베푸소서.
○ 그리스도님, 저희의 기도를
  들으소서.
● 그리스도님, 저희의 기도를
  들으소서.
○ 그리스도님, 저희의 기도를
  들어주소서.
● 그리스도님, 저희의 기도를
  들어주소서.
◉ 하늘에 계신 우리 아버지,
  아버지의 이름이 거룩히 빛나시며
  아버지의 나라가 오시며
  아버지의 뜻이 하늘에서와 같이
  땅에서도 이루어지소서!
  오늘 저희에게 일용할 양식을
  주시고

저희에게 잘못한 이를 저희가
용서하오니
저희 죄를 용서하시고
저희를 유혹에 빠지지 않게 하시고
악에서 구하소서.

### 시편 70(69)

○ 하느님, 저를 구하소서.
  주님, 어서 저를 도우소서.
● 이 목숨 노리는 자들은
  수치를 당하여 부끄러워하고
○ 저의 불행을 즐기는 자들은
  치욕을 느끼며 물러나게 하소서.
● "옳거니!" 하며 저를 놀려 대는 자들은
  부끄러워 되돌아가게 하소서.
○ 당신을 찾는 이 모두
  당신 안에서 기뻐 즐거워하리이다.
● 당신 구원을 열망하는 이들은 언제나
  외치게 하소서.

"하느님은 위대하시다!"
○ 저는 가련하고 불쌍하오니
하느님, 어서 제게 오소서.
● 저의 도움, 저의 구원은 당신이시니
주님, 더디 오지 마소서.
○ 영광이 성부와 성자와 성령께
● 처음과 같이
이제와 항상 영원히.
아멘.
○ 주님, 주님의 종들을 구원하소서.
주님께 바라는 종들을 구원하소서.
● 주님, 저희에게 든든한 보루 되어 주시고
악인들의 손에서 지켜 주소서.
○ 악인들의 힘이 저희에게
미치지 못하게 하시고
악의 세력이 해치지 못하게 하소서.
● 주님, 저희 죄를 묻지 마시고
또한 저희 죄대로 벌하지 마소서.

✚ 기도합시다.
전능하시고 영원하신 하느님,
주님께서는 산 이와 죽은 이를
모두 다스리시며
주님을 믿고 따르는 백성을
사랑으로 보살피시나이다.
간절히 청하오니
모든 성인의 전구를 들으시고
모든 이에게 자비를 베푸소서.
우리 주 그리스도를 통하여
비나이다.
● 아멘.
✚ 주님, 저희의 기도를 들어주소서.
● 또한 저희의 부르짖음이 주님께
이르게 하소서.
✚ 세상을 떠난 모든 이가
하느님의 자비로 평화의 안식을
얻게 하소서.
● 아멘.

## ✚ 수험생을 위한 기도

　사랑의 주님, 오늘 당신 앞에 기도할 수 있는 시간을 주심에 감사드립니다. 그리고 저희에게 사랑하는 아이들을 선물로 주심에 감사드립니다.
　저희는 그동안 주님의 축복인 아이들이 행복을 누릴 수 있도록 나름대로 정성과 사랑을 바쳐 왔습니다. 그러나 인간적인 나약함으로 아이들에게 상처와 아픔도 주었습니다. 저희의 부족함을 용서하시고 아이들의 상처를 어루만져 주소서.
　주님, 머지않아 시험을 치르게 될 아이들을 위해서 기도를 드립니다.
　저희가 아이들을 사랑하는 것보다 주님께서 그 아이들을 더 사랑하신다는 것을 잘 알고 있기에 그들이 겪지 않아도 좋을 일은 결코 일어나지 않으리라는 것을 믿습니다.
　그러나 주님, 몸과 마음이 모두 지쳐 힘들어 하는 아이들의 모습을 지켜보고 있노라니 안쓰러움과 함께 인간적인 조바심과 불안이 마음을 파고듭니다.
　주님, 두려움과 불안으로 안절부절못하는 저희 아이들을 주님께 봉헌합니다. 그리고 "바다를 덮는 물처럼 땅이 주님을 앎으로 가득할"(이사 11,9) 날이 오리라는 희망 속에서 저희의 약한 마음, 부족한 마음, 허전한 마음도 모두 당신께 바칩니다.

주님, 당신의 놀라운 능력으로 저희의 삶을 인도하시고 성령을 충만히 부어 주소서. 측량할 수 없이 풍요로운 당신의 사랑으로 저희 아이들을 감싸 주소서. 부족한 가운데 청하는 저희의 이 기도가 하느님의 은총 속에 머물게 하소서.
우리 주 그리스도를 통하여 비나이다. 아멘.

**글쓴이 김종국**

1977년 서울대교구에서 사제품을 받았다. 가톨릭 우리소리 관현악단 단장, 작곡가, 가톨릭 한국음악 연구원장, 시인, 토아土芽자연학교 교장, 영등포 교도소 종교위원, 행려자를 위한 토마스의 집 원장, 토아올람 공동체 원장, 가톨릭 위령기도회 대표 지도 신부, 서울대교구 성령봉사회 상임 지도 신부, 문래동 성당 주임을 역임하였다. 저서로 『수단 옷소매로 바람이 들어와도』, 『토아 일기』, 『가톨릭 국악 성가』, 『패랭이 꽃길』, 『비록 잔이 비었어도』, 『은두 꽃차례』, 『그분은 나의 생명』, 『나는 하느님의 은총 자루입니다』, 『수험생을 위한 21일 기도』 등이 있다.

**교회 인가** 2008년 3월 21일
**1판 1쇄** 2008년 5월 5일 | **1판 24쇄** 2025년 8월 8일
**글쓴이** 김종국 | **펴낸이** 김사비나 | **펴낸곳** 생활성서사 | **등록** 제78호(1983. 4.13.) | **주소** 서울특별시 강북구 덕릉로42길 57-4
**편집** 02)945-5984 | **영업** 02)945-5987 | **팩스** 02)945-5988
**온라인** 신한은행 980-03-000121 (재) 까리따스수녀회 생활성서사
ⓒ 김종국, 2008 | 성경·전례문 ⓒ 한국천주교중앙협의회
ISBN 978-89-8481-236-9 03230 | 인터넷서점 www.biblelife.co.kr | 책 값은 뒤표지에 있습니다.
가톨릭 교회의 모든 도서는 '생활성서사' 인터넷 서점에서 만나실 수 있습니다.